Seadove

Seadove

Seadove

Seadove

阿德勒的自卑與超越 2

THE SCIENCE OF LIVING

阿爾弗雷德・阿德勒 著　劉麗 譯

《自卑與超越》
完全實踐版

在生活中成就自我
告別自卑、憂鬱症、強迫症、拖延症、叛逆、懦弱性格
適用職場交往、人際關係、戀愛、婚姻、家庭、親子教育、社會適應
在行動中擺脫自卑，真正掌控你的人生！

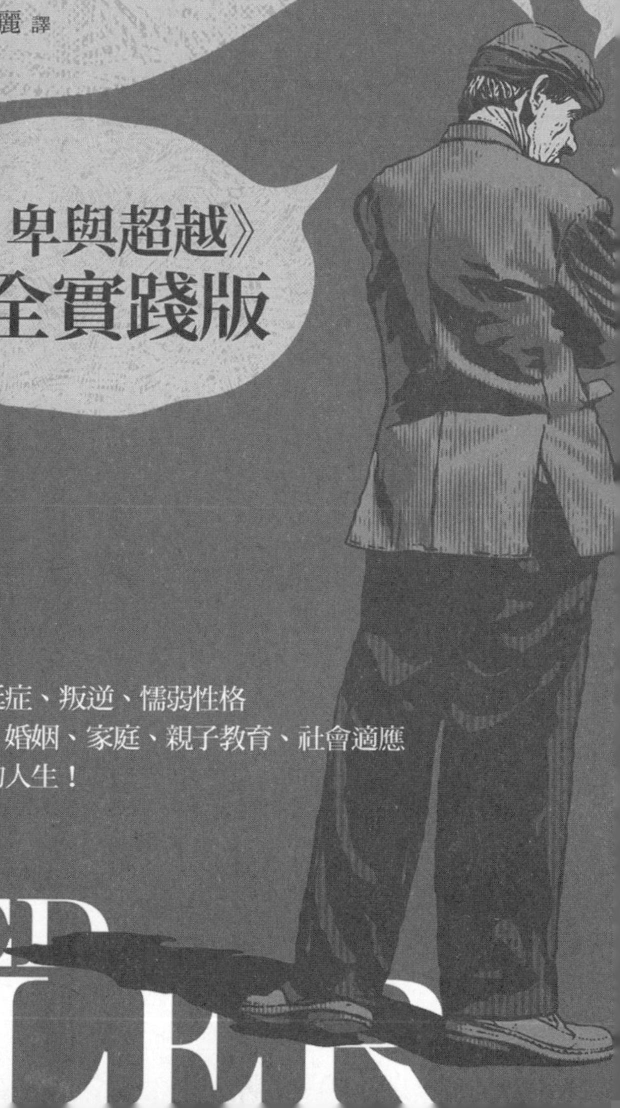

ALFRED
ADLER

譯者序

《自卑與超越》是個體心理學創始人阿德勒的經典之作，這本書在一九三二年出版後迅速風靡了整個歐洲，並且跨過大西洋，在美國受到了極大歡迎，羅斯福總統成了《自卑與超越》的忠實讀者，心理學家華生、杜威、馬斯洛和羅傑斯等也對這本書推崇備至。在此後的八十多年中，《自卑與超越》被譯為多種語言暢銷全球，時間的流逝不但沒有讓這部經典著作稍稍褪色，反而常讀常新，更增魅力。近年來，日本心理學家發現，《自卑與超越》不僅適用於孩子教育、個人成長、戀愛與婚姻，甚至也適用於職場和商業界，這使得阿德勒心理學在東西方又掀起一股熱潮。

很多讀者不知道的是，在阿德勒的心理學生涯巔峰期、在寫作《自卑與超越》之前，他還曾經出版了另一部巨著——*The Science of Living*。在這本書中，阿德勒一針見血地指出，自卑是人生努力和成功的基礎，也是一切不良社會適應問題的根源；他還首次提出，要正面人生的三大主題——社會關係、職業、戀愛與婚姻，就必須超越自卑。我們發現，與《自卑與超越》相比，這本書所探討的話題及案例更為廣泛和貼近現實生活：優越感、生活風格、態度與動作、問題兒童的教育、成年人與孩子的社會適應性、社會常識、性欲問題等。

可以說這本書既是《自卑與超越》的理論先導，又是《自卑與超越》的必要補充，因此我們將本書作為《自卑與超越2》，鄭重推薦給廣大讀者——這本立足於實際應用的心理學巨著應該被更多人知道，被更多人閱讀。

阿德勒在本書中指出，每個人都有不同程度的自卑感，自卑感有千百種表現形式，可以是不屑一顧，可以是奮發努力，也可以是用虛假的偽飾逃避來掩蓋真實。比如，有的人每天都在做各種白日夢，夢想自己成為了不起的、受人矚目的人物，而一說到現實生活中的努力，他們就勇氣全失，為自己找種種理由來拖延和逃避；比如，有的人認為自己患有社交恐懼症，不知道該如何與人相處，害怕在人群中講話，跟人相處的時候，他們更關注自己的表現是不是得體，他們只想躲在角落裡不被人注意，而奇怪的是他們心中卻渴望在人前獲得榮耀；比如，有的人渴望婚姻又無法走入婚姻，因為他們永遠做不好結婚的準備，總是覺得婚姻是一種征服與被征服的關係，總是擔心受到傷害，總是不願意為對方做一點妥協——這些人的背後都隱藏著自卑的問題。而阿德勒的整個理論體系，都在幫助人們從自卑情結的束縛中解脫出來，讓「人人都能獲得成功」。

有趣的是，阿德勒之所以會把自卑作為研究的重心，是因為他自己就是從自卑的人生中走出來的：哥哥高大英俊，阿德勒卻從小患有佝僂病，又矮又醜；三歲時，睡在身旁的弟弟去世；四歲時，阿德勒才學會走路，且行動笨拙；五歲時，阿德勒因為肺炎險些喪命；入學後成績糟糕，被老師建議去做鞋匠……所有這些經歷讓阿德勒從小就陷入了深深的自卑中，但是他沒有就此消沉下去，反而努力超越自卑，最終考取了醫學博士學位，並成了二十世紀最偉大的心理學家之一。

因此在本書中，我們就看到了阿德勒針對教育、人際交往、家庭、婚姻、犯罪等社會性問題，給出的戰勝自卑情結的策略和心理方法，這些方法無論是在兒童教育方面，還是在成年人的自我成長方面，都是適用的——它們不僅是阿德勒個體心理學的精髓，也是源自阿德勒本人的心路歷程。

第一，建立社會興趣。社會興趣是一個人的社會性動機，具體來說，我們平時或在困難時刻與別人合作或幫助別人的態度，對別人的思想、情感和經驗的共情能力等都屬於社會興趣的範疇。只有我們不再只關注自身問題，不再對別人的視線敏感，才能對人、對社會發生興趣。

第二，找到自己童年時期形成的心理原型。每個人都有一種生活風格、一種心理原型，而這種原型是在我們四五歲時就已經建立的了。之後我們在學校生活中、在社會生活中、在婚姻與戀愛中所表現出來的特質，都受到了原型的支配和影響，心理過去受到的傷害是導致目前問題發生的原因。所以，如果我們要解決自己遇到的困難和問題，就要回溯最早的記憶，發現自己的原型。

第三，拒絕優越感的抵償作用。自卑情結越重的人，越會尋求優越感的抵償作用。比如一個出身貧寒的人（特別是曾經為此被人嘲笑的人），長大後為了抵償自己的自卑情結，可能會刻意地追求擁有奢侈品，並以此向別人炫耀。因為自卑感會給人帶來巨大的壓力，當一個人想擺脫自卑情結的困擾時，他往往就會把真正需要解決的問題扔在一邊，轉而從一些亂七八糟的對生活無用的小事上尋求優越感。但是這種方法對於解決問題無濟於事，我們必須告別對這種優越感的依賴，不用讓生活在無益的事情上白白耗盡。

阿德勒在本書的結論中說：「個體心理學的方法——我們毫不遲疑地承認——始終是解決自卑問題的。」

因此，我們謹以此譯本，獻給所有在自卑感中沉浮的孩子、成年人，讓我們一起把自卑化成上進的力量，讓自己不斷超越前進，給自己一個逆襲的人生！

請記住，成為什麼樣的你，是由你自己決定的。

目錄

第一章　個體心理學原理……11
第二章　自卑情結……31
第三章　優越感……49
第四章　生活風格……65
第五章　個人的早期記憶……79
第六章　外在行為表現與態度……95

第七章　夢及其解釋……109
第八章　問題兒童及其教育……123
第九章　社會問題與社會適應……143
第十章　社會感、常識與自卑情結……157
第十一章　戀愛與結婚……171
第十二章　性欲與性的問題……185
第十三章　結論……197

阿德勒在本書的結論中說：「個體心理學的方法——我們毫不遲疑地承認——始終是解決自卑問題的。」

第一章

個體心理學原理

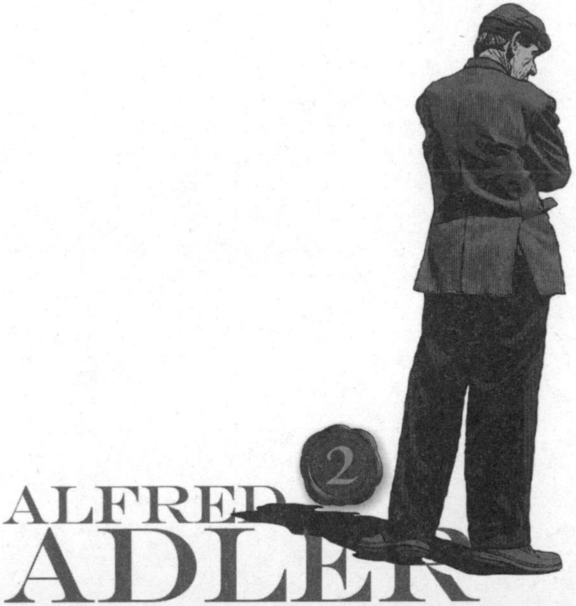

美國哲學家威廉・詹姆斯（William James）認為，真正的科學必須直接和人生發生關係。當然，我們也可以說，在一種和人生直接發生關係的科學裡面，理論和實用是密不可分的。

在個體心理學中，我們所研究的是人的行為、態度、心理、生活風格，因此人生的科學也就成了一種生活的科學。還要指出的是，個體心理學把人生看作一個整體，把每個反應、每個動作、每種衝動都看作個人人生態度的一個構成部分。

從這個角度來說，個體心理學當然是比較偏重於實用的，這種心理知識可以幫助改變並且矯正不正確的人生態度。所以個體心理學有兩方面的「預測功能」，它不只預測什麼事情將要發生，而且像預言家約拿（Jonah）一樣，預測什麼事情「可能」發生，以便透過我們的努力使得那件事情「不必」發生。

個體心理學之所以會出現，是因為我們想要瞭解人生的積極創造力——這種創造力的表現是個人發展、努力和獲得成功的欲望——並且因為我們在一方面有了缺憾便想用其他方面的成就去補償這種缺憾。

可以說這種創造力目的性很強：它的表現是向著一個目標去努力，而在這個過程中，身體和心理都是朝著一個方向努力的。所以，我們不會孤立、抽象地研究身體動作和心理狀況，必須把人視作一個整體。比如我們研究犯罪心理學，極力注意所犯的罪而不特別注意犯罪的人，這種做法就是錯誤的。我們研究的主體是犯罪的人，不是他所犯的罪——無論把他所犯的罪分析得多麼徹底，如果我們不能把它當作犯罪者生活的一部分看待，那也就無法真正瞭解犯罪的成因。

我們無法從外表上看出一個人是否有犯罪傾向，最重要的是要找出使那個人的一切行為傾向某個方向的人生目標。我們找出了這個目標，就可以讀懂他的一切個別行為的隱含意義。

請注意，分析中我們一直把那些行為看作整體的組成部分。反過來說，如果能做到把部分視作整體的有機組成去研究，我們對於整體就可以有更深入的瞭解。

我個人對於心理學的興趣，是因為做醫生而被引發的。這跟醫生的職業特性有關，醫學實踐為我提供了理解心理學必不可少的目的論觀點。在醫學上，我們的一切器官的活動都有一定的目的。它們到達了成熟期的時候，都有確定的形式。並且器官一旦有了缺陷

（生理缺陷），生命體就會想出特別的辦法來克服那種缺點，比如另外的器官更加發達，去代替有缺點的器官的機能。生命總能夠找到出路，如果遇到了外來的阻礙，生命力是絕不會不抵抗而屈服的。

心理活動和有機體（Organism，生物，又稱有機體，是指任何有生命的個體。）的生命活動情況也差不多。每個人心裡都有一個目標或者理想，想要超越現在的平凡生活，想為未來設定一個具體的目標，去克服現在的缺憾和困難。一個人對於未來有了一個具體的目標，他便會覺得眼前的困難無法阻擋自己，因為他心裡有了一個未來成功的信念。一個人的社會活動如果沒有目標，便沒有什麼意義了。

已有的一切證據已經證明了這樣的情況：目標的確定——某種具體的取得形式——發生在一個人的兒童時期。從兒童時期起，就有一種原型（prototype）或者成年人的模型開始逐漸形成。那種發展的過程，我們是可以想像得到的。一個虛弱自卑的孩子，覺得自己不如別人，對於他的環境越來越忍受不了。因此，他便努力去發展，向著他所選定的目標方向去發展。在這個時期，決定發展方向的目標，比他所用去發展的材料更為重要。至於這種目標是怎樣決定的，我們很難說清楚，但是孩子有這麼一個目標，這個目標在支配孩子的一切行動，卻是確定的。對孩子早期階段的力量、衝動、理智、能力和缺陷，我們所知道的的確很少，並且我們也很難找到有效的方法去測定，因為孩子的發展方向要到孩子確定他的目標以後才能具體決定。我們需要弄清楚一個人的努力方向，才能猜測他的未來行動。

當原型形成了的時候，一個人的發展方向便確定了，一個人便有了一個具體的發展方向。因此我們就可以較為準確地預測他的未來。從此以後，他的統覺[注]系統（scheme of apperception）便遵照他的發展方向步入了一個確定的軌道。這裡要指出的是，孩子所感覺的情境，很可能不是真實的情境，他是根據自己的統覺系統去感覺的，也就是說，他對於情境的觀察總是帶著自身興趣的偏見的。

我們觀察到的一個有趣的事實是，一旦孩子有了某種或大或小的生理缺陷，他們便會把從生活中所得的所有經驗和有缺陷的器官連接起來。比如一個腸胃不太好的孩子對於飲食便格外感興趣，而一個視力有缺陷的孩子對於視覺可見的東西就特別關心。這種情況和他們各自的統覺系統是相一致的，而統覺系統則是人人都有的。所以假如我們要想確定一個孩子的興趣所在，我們可能只需要看他哪個器官有問題就行了。但是事情沒有這麼簡單。孩子對於生理缺陷的經驗不像旁觀者所觀察的那樣，而是受到他自己的統覺系統限制的。所以當生理自卑成為孩子的統覺系統的一個因素時，我們就無法經由外表去觀察生理的缺陷而理解孩子的統覺系統。

孩子的統覺系統不是絕對的，這一點跟我們這些成年人沒有什麼不同，我們誰也無法掌握絕對的真理，即使我們的科學也不行。科學的根據是常識，而科學是不斷地在改變的，它只要不斷地進步，錯誤越來越少就夠了。誰都有錯誤，誰都會犯錯，最重要的是我們能夠改正錯誤。

而一般來說，在原型剛剛形成的時候改正錯誤比較容易。如果我們在原型形成的時候沒有改正，那麼後面也還有機會，我們可以利用回憶進行「複盤」，重現往日情境，並且改正錯誤。比如說我們要診治一個精神官能症病人，那麼我們所要做的並不是弄清他為什麼會在後來出現錯誤，而是研究他在原型形成時期的基本錯誤。一旦發現了他的基本錯誤，我們便可以用科學的方法去改正那些錯誤了。

在個體心理學看來，遺傳問題並沒有想像中那麼重要，重要的是一個人在小時候對待自身遺傳的行為和態度。換句話說，是他在兒時所處的環境中所形成的原型。遺傳得來的生理缺陷，確實是由遺傳造成的，但是孩子面臨的更大困難是其所處的環境，為了改變這一點，我們把孩子放到一個順利的環境裡面就行了。事實上，只要我們發現了問題，我們就能對症下藥，糾正錯誤。生活中，我們也常常看到有些健康的孩子，自身是沒有一點遺傳的缺陷，但是因為營養不良或沒有被好好撫養，成長情況反而更糟。

生下來就有生理缺陷的孩子，最重要的是調整他們的心態。這種孩子因為處境糟糕，他們很容易產生自卑心理。在原型形成的時候，他們已經習慣於專注於自己，而對社會缺少興趣了，在以後的生活中他們也會依然維持這樣的原型。生理缺陷可能會導致原型出問題，但它並不是原型出問題的唯一原因，其他情境也可以產生同樣的問題，如被溺愛的和被憎惡的孩子就是這樣。

關於這種情況，我們在後面還要詳細地敘述，至於三大不良情境，即有生理缺陷的孩子、被溺愛的孩子和被憎惡的孩子，後面也要舉出實例說明。現在我們所要說的，只是這種孩子的生長受到阻礙，他們因為生在一個從來沒有人告訴他們怎樣自立的環境裡面，無時無刻都害怕受到外來的侵襲。

我們對於社會興趣，從小就應該有所瞭解，因為社會興趣是我們的教育和我們的醫治方法的最重要的部分。只有有勇氣的、有自信力的、淡定自信的人，才能從人生的困難中得到好處，同時從人生的順境中也能得到好處。他們無所畏懼，知道前路一定有困難，但是他們也確信自己能夠戰勝那些困難。他們對於一切人生問題都有準備，人生問題總歸就是社會問題。

從人類的立場看來，對於社會行為的準備是不可少的。我們上面所講的三種孩子，他們原型的社會興趣就實在太少了。他們的心理態度不能幫助他們完成人生事業，也不能幫助他們解決實際的人生困難。他們的原型覺察到了自己的失敗，於是對於人生問題採取一種錯誤的逃避態度，把自己的人格沿著無用的人生方面去發展。要治療這種病人——是的，我們稱之為病人——就要使他們的行為沿著有用的方面去發展，使他們對於人生與社會採取一種有用的、積極的態度。

缺乏社會興趣就等於過著脫離現實的生活，在社會上，我們常看到的缺乏社會興趣的人是問題兒童、犯罪者、癲狂的人和酗酒的人。我們診治這些人的時候，就得想辦法使他們回歸到有用的生活中來，使他們對於別人感興趣。從這點看來，所謂的個體心理學實實在在就是一種社會心理學。

除了社會興趣以外，我們的第二步工作就是找出個人在發展的時候所遭遇的困難。乍看起來這項工作似乎比較複雜，但是實際上並沒有那麼麻煩。我們知道那些被人溺愛的孩子，在某個時候都會變成被人憎惡的孩子。在我們的文化環境中，無論是社會還是家庭，都不可能永遠地溺愛一個人。

一個被人溺愛的孩子，很快就會遇到人生的問題。他走入學校，就碰到了一個新的社會組織、一些新的社會問題。他不願意和同學一起學習，一起遊戲，因為他過往的經驗，並沒有給予他去過學校社會生活的準備。與之相反，他在原型時代的經驗是使他怕這種情境的，他總是在努力尋求更多的溺愛。這類人的特性，不是從遺傳得來的，我們可以說這和遺傳完全沒有關係，因為他的特性可以從他的原型的性質及目標中推理出來。因為有了某些特性，使他向著目標所在的方向去行動，自然不可能再有使他走向另一個方向的特性了。

下一步研究的就是情感。一個人的目標路線圖不只影響他的特性、身體動作、語言和外表，還制約他的情感生活。比如一個人想做好事，我們發現他做好事的觀念被無限誇大了，佔據了他的全部思緒。

我們可以肯定地說，一個人的情感總是和他對於自己工作的看法相一致，情感會增強他對於自己的活動傾向。我們做事的時候，只要是想做的，就是沒有情感，我們也會去做，情感只是我們行動的附屬品。

關於這個事實，我們從夢裡面就能看得很清楚。夢的目標的發現，也許是個體心理學最近的成績之一。以前大家可能並不知道，但是無論什麼夢其實都是有一個目的的。

夢的目的——廣義的，不是狹義的——會創造出一種情感的或情緒的行為，這種情緒的行為又轉而促進夢的目的。一直以來大家都相信夢是一種騙局，這就是一個有趣的注釋。我們在夢裡的行為，就是我們想做的行為。做夢是一種情緒的演習，演習我們醒時的計畫和態度，但是實際的行為是絕不會從那裡出現的。從這種意義上說來，做夢確是一種騙局，因為夢裡情緒的想像給予我們的只是一種行為的敏銳感覺，而實際並沒有發生。

夢的這種特性，在我們醒時的生活中也是有的。我們常常極想在情緒上欺騙自己——我們總想使自己遵照在四五歲時所形成的原型去行動。

原型的分析是個體心理學接下來要做的工作。

我們說過，人在四、五歲的時候已經有了原型，所以我們就要在四、五歲或之前找出他們所得到的印象。這種印象的種類很多，遠超過我們成年人所能想像的。對孩子普遍造成印象的，有一種是來自父母的過度責罰，這讓孩子生出一種被壓迫的感覺。這種影響使得孩子努力求解脫，有時候使孩子在心理上排斥異性。比如我們知道有些女孩，因為父親脾氣大，她們的原型就是排斥男人的，認為男人都是脾氣暴躁的；有些男孩因為母親過於嚴厲，便排斥女人。這種排斥異性的態度，其表現的方法自然可以不同，他也許變得很害羞，也許性欲變態[注]（性欲變態只是排斥女人的另一方法而已）。這種變態的性欲，並不是遺傳的，是從兒時環境演化出來的。

我們知道孩子在小時候所養成的錯誤可能會產生巨大的危害，事實雖然如此，但孩子所得到的指導仍是很少。做父母的或者不懂得，或者不願意把自己的經驗告訴子女，做子女的也就只好自己去摸索。

最奇怪的是：沒有兩個孩子是在同一環境裡面長大的，就算是同一個家庭裡面的兩個孩子，其生長的環境也不一樣。一個家庭裡面環繞每個孩子的空氣都是各不相同的。比如第一個孩子和其餘孩子的環境便大有分別。第一個孩子最初因為是獨生子，所以收穫了全家人的注意力，成了家庭的中心。而等到生了第二個孩子，第一個孩子的地位突然便發生了變化，這種變化對於他來說是很難接受的。第一個孩子曾經在家庭中擁有獨特的權力，而現在他突然就失去了這種特權，這給他留下了一生難以磨滅的印象。這件悲劇使他原型的形成受了影響，到了成年的時候，這種影響就成了他性格的一部分。事實上，從病史看起來，這種孩子會更經常地承受著失敗的痛苦。

此外，家庭環境的影響還有一種情況，那就是由於重男輕女引起的歧視。很多父母總是把男孩看得太重，認為女孩只能相夫教子，一生也不會有什麼作為。在這種家庭環境中長大的女孩，容易變得自卑怯懦。她們接受了來自父母的洗腦，長大後會習慣性地認為女孩子就應該是怯懦無用的。

繼續我們上面的話題。第二個孩子的地位也是特殊的，他的地位和第一個孩子完全不同，因為他的前面總有一個孩子在引領他，同時也在與他競爭。通常來說，第二個孩子總是更加爭強好勝，而且很多時候也會比第一個孩子發展得更好，原因是第一個孩子容易被第二個孩子強悍的競爭行為嚇倒，做事也失去一貫的水準。結果父母越來越輕視他，第二個孩子變得越來越重要。

這就是我們所說的，第二個孩子喜歡反抗權威，因為他們從小就不認可第一個孩子的權威和力量。

在歷史故事中，我們可以找到許多有權力的幼子的事情。約瑟（Joseph）就是一個例子，他要在全家人面前表現自己的優越感。雖然後來他又有了個弟弟，但那是在他離家多年以後發生的事情，他並不知道，對他自然也就沒有什麼影響。在他看來，他的地位從來沒有改變過，一直是一家最小的兒子。我們知道，其他神話裡面也有同樣的描寫，幼子總是主要的角色。

我們可以知道這種性格，實際上是在幼年時期就已經形成了的，除非後來這個人的見識發生了巨大的改變，否則這種性格就會永遠伴著他。因此，如果我們要改變一個問題兒童，便應該使他明白他在兒童時期遭遇過什麼事情，並且還應該使他明白，他的原型已經變成了他的負累，影響了他目前的生活。

研究個人早期記憶是一個有價值的工具，可以瞭解個人的原型，並且還能進一步瞭解個人的天性。從所有的知識和觀察來看，我們都不能不斷定回憶是屬於原型的。舉個例子，就可以明白。比如有個第一類的孩子，即有生理缺陷的孩子，也不一定是嚴重的生理缺陷，我們就假設這個孩子腸胃較弱吧。假如他記起看見過什麼東西，或者聽見過什麼東西，他所看見的、所聽見的東西說不定便和食物有關係。或者以一個習慣使用左手的孩子為例：他因為是左撇子，看法也就跟著不同。

某個人或許會告訴你，說他的母親本來很寵愛他，但後來又生了一個弟妹；假如他的父親脾氣大，他也許會告訴你，說他被家暴；假如他從前在學校是個討人嫌的孩子，他也許會告訴你，說他被同學欺負。假如我們能夠理解這種種現象的意義，就會發現它們都是極有價值的。

要瞭解個人的早期記憶，就必須有種強烈的同情心，把自己放到孩子年幼時的環境裡，替孩子設身處地想一下。我們要有這種同情心，才能理解一個孩子有了弟妹後生活上的轉變，才能理解一個暴躁的父親所帶給孩子的強烈心理印象。

我們可以說，責罰、懲戒、乾枯的說教，都是沒有用的，這並不是一種誇張的說法。如果孩子和成年人都不知道從哪裡去著手改變，那他們什麼也改變不了。孩子無法認清這一點，他就會變得更油滑、更懦弱。他的原型是不能夠用責罰和教誨的方法去改變的。原型不能僅僅用生活的經驗去改變，因為生活的經驗已經遵照了他自己的統覺系統。唯有從根本的人格著手，我們才能改變這個孩子的人生。

假如我們看見一個家庭，孩子的成長出現了問題，那麼，即使那些孩子看起來很聰明（假如你問他們一個問題，他們能夠答出正確的答案），但是只要我們一看他們的特徵和表現，就知道他們有種嚴重的自卑心理。聰明不一定就是常識。那些孩子的心理態度，和精神官能症病人一樣，完全是固執己見的，我們可以把它叫作精神態度。比如強迫症患者，自己知道常常數窗戶沒有什麼用處，但是卻總是停不下來。一個把注意力放在正向事物上的人就絕不會有這種行為。精神態度和自言自語也是癲狂病人的特性，癲狂的人說話往往不合常識，合乎常識的語言所代表的就是社會興趣的極致。

假如比較常識的判斷和精神態度的判斷，我們就可以知道，常識的判斷差不多總是對的。我們用常識就可以區分好壞；我們在複雜的情境中常有錯誤，有了錯誤，常識也可以使我們自己去改正。但是只注重私利的人，對於是非的區分便沒有別人那樣快。事實上他們已經將自己的能力不足表現了出來，因為他們的動作在別人看起來是一目了然的。

以犯罪為例。假如我們研究犯罪者的智力、理解力和動機，我們就可以知道，犯罪者總把自己所犯的罪，看成既聰明又英雄的行為。他們相信自己達到了尋求優越感的目標，這就是說，他們比警察還聰明，能夠征服別人。這樣一來，他們便自命為英雄，卻不知道他們的行為表現並不英雄，說實話，和英雄行為是南轅北轍。因為缺乏社會興趣，他們過的是脫離現實的生活，同時因為缺少勇氣而更加懦弱，但是他們並不知道這一點。一般來說，那些脫離現實生活的人，通常都會害怕黑暗、害怕孤單——他們希望身邊無時無刻都有人陪伴。這就是懦弱的典型表現。這就是我們想要說的，阻止犯罪的最好方法，就是要讓人人都知道犯罪是一種懦弱的表現。

有些年輕的犯罪者到了三十歲的時候，就開始像正常人一樣就業、結婚，並在之後洗心革面，過著正常的生活。這是什麼道理呢？我們拿一個小偷舉例吧。一個三十歲的小偷論眼聰目明哪能爭得過一個二十歲的小偷？而且三十而立，生活目標和以前不同了。結果，犯罪不能滿足犯罪者的心理需求了，他也就覺得應該放棄犯罪這件事，他的生活也隨之走上了正軌。

關於犯罪者，還有一件事情應該注意，就是我們單純地加重對於犯罪者的刑罰，不但不能恐嚇犯罪者，反而會使他們更加相信自己是個英雄。我們不應該忘記犯罪者所處的世界是以自我為中心的，他們無法理解真正的勇氣、自信、社會意識或共同價值，這類人是不能夠融入社會的。

精神官能症病人很少有積極組織活動的，至於有著廣場恐懼症的人或者癲狂症的人更是做不到。問題兒童和自殺的人很少有真正的朋友——很多人無法解釋其中的緣由。其實是有理由的，他們之所以沒有朋友，是因為他們的早年生活所擇取的是一個以自我為中心的方向。他們的原型是朝向錯誤的目標的，是跟著脫離現實的生活方向走的。

現在讓我們看看個體心理學對於精神官能症病人——有精神官能症的孩子、犯罪者、酒徒和那些借酒避世的人——的教育和訓練所貢獻的計畫吧。

我們為了快速且順利地懂得問題所在，開始便問問題是什麼時候出現的。人們通常習慣於把問題歸咎於某種新環境，但這是不對的，因為問題在於病人——我們診斷一下便知道——對於那種環境沒有良好的準備。身處順境的時候，原型裡面的問題無法顯露出來，但是每個新的環境都像一種考驗，病人對它的反應是根據原型所生的統覺系統得出的，於是問題就暴露出來了。

一個人面對新環境的反應不僅僅是反應而已，而且是有創造力的，是和支配他一生的目標相一致的。我們在研究個體心理學的時候，經驗早就告訴我們這和遺傳沒有什麼關係。我們知道，原型對於經驗的答覆是根據它自己的統覺系統的，我們要得到結果，就需要從這種統覺系統入手。

上面就是個體心理學近二十五年來的發展綜述。我們知道，個體心理學指向一個全新的方向，而現在我們已經在這條路上走了很遠了。現存的心理學和精神病學的派別很多，他們的主張和看法各有不同，而且誰也無法說服別人自己是對的。所以，我們在此建議讀者，你們應該自己去比較，選擇適合自己的學說。但是在這裡希望讀者知道，我們個體心理學反對「衝動論」的心理學，因為他們把遺傳趨勢看得太重要了；我們同樣也不贊同行為主義派的「制約」和「反應」。假如我們不懂得「衝動」和「反應」的目標，僅僅從「衝動」與「反應」去判斷，並修正一個人的命運與性格是沒有用處的。這些心理學家沒有誰考慮過個人的目標。

說起「目標」，讀者可能還無法理解我們想說的是什麼，因此在這裡應該重點講解一下。父母和教育界人士應該注意一點，不要把自己和孩子教得像上帝一樣，總是過分關注一些過分的終極目標。

事實上，我們知道，孩子在個人成長的時候，會先找到一個比較具體的、貼近生活的目標。孩子會在環境裡面找出最強的人，做他們的模範或是目標。他們的目標也許是父親，也許是母親，因為我們知道，如果母親比較強勢，就是男孩也可以受她的影響，主動去模仿她。再長大一點，因為孩子喜歡到處去玩，於是他們便想當個馬車夫，他們相信馬車夫是世界上最強的人。

孩子樹立這種目標的時候，他們的行為感覺和打扮便像個馬車夫一樣了，一切行為都是合乎這個目標的。但是警察一出現，馬車夫便沒有一點吸引力了。於是他們後來可能把醫生當作目標，或者把老師當作目標。因為老師能夠處罰孩子，所以引起他們的尊敬，認為老師是一個有力量的人。

孩子選擇目標的時候，他們所選定的目標其實就反映了他們的社會興趣指數。比如有一個男孩，老師問他未來想做什麼？他說：「我想做一個行刑官。」這種回答就是沒有社會興趣的表現。為什麼這麼說呢？從他的回答中，我們可以看出他想主宰別人的生死，而這不是常人會思考的事情。他的優越感過強，他希望能超越整個社會，所以便走向脫離現實生活的方面去了。當然，做醫生也可以主宰病人的生死，但這種目標是正常的，因為實現目標的方法是治病救人、為社會服務。

注一：與知覺不同，統覺是指知覺內容和傾向蘊含著人們已有的經驗、知識、興趣、態度，因而不再限於對事物個別屬性的感知。——譯者注

注二：本書中出現的所有「變態」字樣，均不含貶義，指的是變態心理學中的「非常態心理」，是一種心理或行為感知的障礙。具體包括感覺障礙、知覺障礙、注意障礙、記憶障礙、思維障礙、情感障礙、意志障礙、行為障礙、意識障礙、智力障礙、人格障礙、精神官能症性障礙、精神病性障礙、藥物和酒精依賴、性變態、心理生理障礙、適應障礙、兒童行為障礙、智力落後等。——譯者注

一第二章一

自卑情結

個體心理學認為，我們不應該用「意識」和「無意識」兩個名詞，去表述兩種不同的因素。意識和無意識並不像一般人所想的那樣截然不同，它們指向的是同一個方向。並且意識與無意識之間，根本就沒有一種清晰的界限。我們所要做的，只是要找到意識與無意識共同的目標。除非我們能從整體上去界定意識與無意識，否則是沒有辦法去決定哪裡是由意識操控的、哪裡是由無意識操控的。這種關係，在上章我們分析過的生活原型中，就可以看出來。

我們從個人的病史便可以看出意識生活與無意識生活的關係非常密切。有一個四十歲的已婚男人，似乎患上了憂鬱症，他有一種自毀的欲望——希望跳樓而死。他每時每刻都繃緊了神經，努力去反抗這種欲望，除此而外，他的生活一切正常。他有朋友，有很好的社會地位，和他妻子的生活也很快樂。他的問題只能從意識與無意識的合作方面去解釋。他在意識的時候，覺得自己應該跳樓。

可是事實上，他卻一直活下去，根本就沒有去跳過。這就是因為他的生活還有一個方面，不要他去自殺，那個方面的力量很大。他的無意識生活和意識生活一合作，他便得到勝利了。在他的「生活風格」中——這個名詞以後再去詳細討論——他簡直成了個勝利者，達到了擁有優越感的目標。

讀者也許要問，一個有意識地想要自殺的人，怎樣能夠覺得自己是勝利者呢？這是因為他在和自殺的傾向戰鬥，他贏了所以他便成了勝利者、優秀者。從客觀方面說來，他本是因為自己有了弱點，才去戰勝自己的——凡是有弱點的人，無論弱點為何，都是如此。但是我們要注意的是他的挑戰自我的結果，生存和求勝的努力勝過了自卑求死的意識。至於自卑求死的願望是存在於他的意識生活中，還是生存和求勝的努力存在於他的無意識生活中，都無關緊要。

我們現在可以看看這個人的原型是不是與我們的理論相合。我們可以把他對於兒時的記憶進行分析。我們知道他小時候在學校裡便出過問題——他不喜歡別的孩子，總想避開他們，但是事實上他還能夠跟這些孩子玩在一起。換句話說，在他的兒童時期，他便有了一種努力，想去克制自己的弱點。他解決了他所遭遇的問題，他得到了勝利。

假如我們把這個病人的性質分析一下，我們就可以知道，他的生活中的一個目標是要克服恐懼和憂慮。在這個目標之下，他的意識中的觀念和無意識中的觀念是合作的，二者形成了一個整體。一個人如果不把「人」看作一個整體，他是不會相信這個病人是優勝、成功了的。他會以為那個病人只是一個富有野心的人，心裡想掙扎奮鬥，實際上毫無勇氣。這種看法是不對的，因為它沒有考慮一切事實，沒有把人生看成一個整體去解釋一切事實。假如我們不能相信人生是個整體，那麼，我們的全部心理學，我們想要瞭解個人的全部努力，便會毫無結果，毫無用處。假如我們先有一種成見，以為人生有兩方面，那兩方面彼此沒有關係，我們便沒有辦法把人生看作一個完全的整體。

我們除了把個人的生活看作一個整體以外，同時對於個人的生活與社會的關係也要多加注意。比如孩子剛生下來的時候是很柔弱的，需要父母的悉心照顧。假如我們不去研究那些照顧他的人、那些讓他一點點成長起來的人，我們對於他的生活風格或者生活模型便無從得知。

孩子和他的母親、他的家庭有著密不可分的關係，我們如果僅僅對於孩子個人的身體方面，加以表面的分析，我們是無法知道那種關係的。孩子的個性是非常複雜的，裡面包含著全部的社會關係。

可以應用於孩子的說法，在某種程度上，也可以應用於成年人。孩子因為自身太過柔弱，所以需要家庭的照顧；成年人因為自己的脆弱，所以要有社會的扶助。無論什麼人，在某些情境中，都是自覺無法獨立解決問題的。所以人類有一個最強烈的傾向，要組織團體，做社會的一員，不願孤立。

社會生活當然可以給他極大的幫助，幫他克服那種能力不足和自卑的感覺。我們知道動物就是這樣的，比較弱的動物總是群聚而居，以便用團體的力量去解決個體的需要。比如群居的水牛便可以抵抗豺狼的侵襲。一隻一隻的水牛是抵不住豺狼的，可是一旦牠們集聚攏來，把腦袋聚在一起，用腳去掙扎，便可以脫險了。反之，大猩猩、獅子、老虎之類的動物，因為「大自然」把自衛的工具給了牠們，所以能夠離群獨居。至於人類，既無強悍的力氣，又無尖牙利爪，因此便不能夠獨自在自然中生存了。可見社會生活的起源是由於個人的能力不足。

因為事實如此，我們對於社會裡個人的能力天賦，便不能希望其一律平等。不過一個社會，只要適應得好，裡面各個成員在能力方面是可以得到社會的幫助的。這一點最重要，否則我們就很可能把遺傳的能力作為個人評價的標準。說到底，一個人在過著孤獨生活的時候，儘管天賦上有些缺憾，但是到組織得很好的社會裡面，那種缺憾是可以抵消的。

如果我們假定我們個人的缺憾都是來自遺傳，那麼，心理學的意義就在於給人們一些指導，讓他們更好地與別人合作，儘量減少生理缺陷帶來的不良影響。社會進步史告訴我們，人類之所以選擇合作，就是為了克服這種缺憾。我們都知道，語言是一種社會性的發明，而之所以要創造語言，就是因為人類個體太弱小，需要共同合作。這個道理，看一看孩子的早期行為，就可以明白。孩子有了欲望不能滿足的時候，他們便要想辦法使別人注意，他們引人注意的辦法，就是應用某種語言。

如果一個孩子事事得到滿足，根本不必想辦法引起別人的注意，那麼，他根本就用不著說話了。孩子剛生下來的前幾個月就是這樣：他無論想要什麼東西，還沒等表示出來，做母親的早已給他預備好了。

從醫學記錄上看來，有些孩子到了六歲的時候，還沒有說過一句話，因為他們根本沒有說話的必要。

有一個孩子，父母都是聾啞人，但這個孩子是健康的，奇怪的是這個孩子從來沒有發出過聲音。有時候不小心摔倒在地上，受了傷，他便大哭，但是哭的時候只有淚水沒有聲音。因為他知道他的父母聽不見，哭聲是沒有用處的。他想要使他的父母注意到自己的情況，所以就做出痛苦的表情，但是沒有哭聲。

由此我們可以知道，我們對於所研究的事實的全部社會關係，是應該時時刻刻加以注意的。我們要想明白一個人特有的「優越感目標」，就必須注意他的社會環境。我們要想明白某件適應不良的事情，也須注意社會的情境。比如有許多人之所以無法順利地適應社會，就是因為他們無法與人用語言正常溝通。

口吃的人就是一個例子。假如我們統計一些口吃者的情況，就會發現他們很少有人能夠很好地適應社會。他們不願意加入正常的社會活動，不要朋友，不要同伴。我們知道語言能力在很大程度上是要跟人溝通才能提升的，可是口吃者不願意跟別人交往，所以便一直口吃下去。說起來，口吃的人有兩種傾向，一方面渴望和別人交往，一方面又不願和別人往來。

生活中，還有很多成年人無法在公眾面前講話，一站到人前便感覺緊張害怕。因為他們把聽眾看成了敵人，他們認為聽眾敵視他，他們被聽眾的氣場嚇壞了，心裡就產生了一種自卑的感覺。事實上，一個人要能相信自己，相信聽眾，話才可以說得好，登臺演講才不至於害怕。

由此可見自卑心理和社會訓練問題是息息相關的。自卑心理起源於對社會的不良適應，而克制自卑心理的基本方法也只有社會訓練的一條路。

社會訓練與常識有直接的關係。一說到常識可以幫人解決困難，我們的心裡就會想到社團的綜合智力。反之，我們在上面一章裡已經說過，如果有人自言自語、在頭腦裡大做白日夢，那就是一種變態的表現。癲狂病、精神官能症和犯罪者都屬於這一類。他們對於某些事情完全不感興趣。人民、制度、社會常識等，他們都不在意。可是拯救他們的辦法，又必須從這些事情著手。

我們面對這類人的時候，應該使他們注意現實社會。有些有自卑情結的人，往往認為只要自己對人心存善意，便是一個正常的社會人，但是只有善意是不夠的。我們應該告訴他們，他們要有作為，要有付出，要對社會和身邊的人有貢獻，這樣才能對社會發生影響。

自卑的心理和優越感的努力是一個普遍的事實，但是不能因為這個事實便說人人都是平等的。自卑和優越感是支配人類行為的兩大條件，但是除了這些條件以外，還有體力的不同、健康的不同和環境的不同。

因此，在同樣的條件之下，各人的問題是各不相同的。假如我們研究一下孩子，我們就可以知道無法對孩子的反應做一個標準化的判斷——他們的反應是各式各樣的。他們都努力建立一個較好的生活風格，但是各人的努力方法各不相同，各有各的錯誤，各有各的成功之道。

我們可以把孩子不同的地方和特殊情形分析一下。我們可以用左撇子的孩子做個例子。有些孩子因為右手訓練得太好了，以至於沒有人能看出來他們是天生的左撇子。他們的右手最初很不靈活，於是父母、老師或其他人便責罵他們、批評他們、嘲笑他們，其實嘲笑是不對的，正確的做法是讓孩子同時訓練左右手。

左撇子的孩子，還在搖籃裡的時候便可以看出來的，因為他們的左手比右手更活躍。長大一點後，他們也許會因為右手不太靈便感到煩惱，但是通常他們卻對於右手特別感興趣，這種興趣，比如在畫畫方面、寫字方面便可以看得出來。所以，這種孩子後來比平常的孩子更擅長寫字繪畫，其實是一點也不奇怪的。因為他們總是特別用心，付出了特別多的努力。這樣一來，他們反而因為自身的問題得到了更嚴密的訓練。

特別是在藝術天才的發展上，他們可以因此獲得極大益處。這種處境的孩子通常是有野心的，總在努力克服他們的缺點。不過有時候奮鬥得太累了，導致對自身的懷疑，他們就有可能嫉妒別人，生出一種更大的自卑心理，比一般的自卑心理還要難於克制。一個孩子如果時時刻刻在奮鬥中過活，他就有可能變成一個好勇鬥狠的人，腦子裡存著一種念頭，覺得自己不該那樣笨拙。這樣的人，煩惱自然要比別人更多。

孩子出生後四至五年以內，原型基本上就形成了，之後他們的一切努力、一切錯誤、一切發展，都因原型之不同而各不相同。每個孩子都有各自的目標。這個孩子也許想當一個畫家，那個孩子也許因為自己與世界合不來，便想脫離這個世界。我們也許知道他們如何能夠克服自己的缺點，但是他們自己並不知道，更常見的情況是別人沒有用正確的方法給他們一些指導。

生活中，我們可以看到這樣的情形：有的孩子眼睛有生理缺陷，有的耳朵有生理缺陷，有的肺不好，有的腸胃不好，而他們的興趣卻恰恰向著有缺陷的方面發展。有一個奇怪的例子：一個五十歲的中年男人，已經結了婚，事業發展得也不錯。他有個問題，每天晚上從辦公室回家後便開始輕度地哮喘，有人問他為什麼回家便會出現這個問題，他便跟別人說：「你看，我的妻子是個物欲很強的人，我卻是一個理想主義者，所以我們的想法經常有很大分歧。我每天回家，只想安靜地在家裡休息一下，但是我的妻子總是要去湊熱鬧，總是訴苦，不願待在家裡。這讓我很生氣，並且感到窒息。」

這個人為什麼會呼吸困難？他為什麼並不嘔吐？這是因為他的原型是這樣的。他在小時候因為健康問題，必須穿上束身衣，因為繃得太緊了，呼吸受了影響，很不舒服。但是家裡有一個保姆很喜愛他，常坐在他身旁，給他安慰。她的一切興趣都傾注在他身上。所以她便給了他一種印象，以為自己可以永遠得到別人的取悅和安慰。後來到了四歲的時候，那個看護他的保姆結婚去了，他一直把她送到車站，痛哭了一場。保姆走了以後，他便和他的母親說：「保姆離開了，我活著也沒有什麼意思了。」

他到了成年，還是和兒童時期一樣，想找一個理想的人，來取悅他，給他安慰，並且只能關心他一個人。他的問題，並不是因為空氣太少，是因為自己沒有每時每刻得到愉快和安慰。當然，我們知道要找一個人時時刻刻來使他愉快那是不容易的。但他總想支配一切，而在某種程度上，他也確實成功了。比如他一劇烈喘息，他的妻子便不再張羅要進戲園去湊熱鬧了，於是他便達到了他的「優越感的目標」。

這個人在意識方面是沒有問題的、正常的，可是他的心裡有著一個優越感的目標——想要征服他的妻子。事實上，他是在用行動把他的妻子變成他所說的理想主義者。說起這個人的動機來，我們真覺得他有點言行不一致呢！

我們常常看見一些眼睛不大好的孩子，對於視覺方面的東西特別感興趣，因而產生一種敏銳的能力。

古斯塔夫・弗雷塔格（Gustav Freytag）是我們所熟知的，他是一個大詩人，眼睛不好，有點散光，他的成就卻很大。詩人和畫家的眼睛常是有問題的。正是因為眼睛有了問題，他們反而產生更大的興趣。弗雷塔格說：「我因為眼睛和別人不同，所以不得不利用我的想像，訓練我的想像。我自己並不知道這樣一來，我便成了一個作家，不過無論如何，因為我的眼睛天生不太好的原因，我在想像中的視覺能力，卻比別人在實際上的還要強一些。」

假如我們對社會上的天才做些研究，我們就常常可以發現，他們不是眼睛不好，就是有別的生理缺陷。從各時代的歷史看來，就是神仙都有缺陷，或是瞎了一隻眼睛，或是兩隻完全瞎了。有些天才，眼睛幾乎瞎了，但是他們對於線、影、顏色的分辨和審美能力比一般人還強。可見對於有生理缺陷的孩子來說，只要他們的問題能夠得到別人的正確瞭解和對待，仍是可以克服困難並取得成功的。

有些人比較喜歡美食。美食是他們的日常話題，他們經常討論哪些東西可以吃，哪些東西不可以吃。一般來說，這類人小時候在飲食方面可能是沒有獲得滿足，所以他們對於飲食的興趣也比別人濃厚。也許從前他們的母親對於他們很關心，總是告訴他們，哪些東西可以吃，哪些東西不可以吃。他們不得不強迫自己去克服腸胃的缺點，因而對於一日三餐的食品，感覺特別有興趣。有時候他們因為總是記掛著飲食的事情，因而對於烹調的藝術也很有研究，或者因此而成為美食家。

一般人有了腸胃的問題，便會常常找些別的事情代替飲食。有時候他們會找金錢去代替，於是變成守財奴，變成只想賺錢的銀行家。他們總是拚命地搜刮金錢，日日夜夜只想如何可以賺錢。他們的頭腦中從來沒有停止賺錢的念頭——這個事實有時候使他們在類似的事業上面占著很大的便宜。而最有趣的是，我們時常聽說某個有錢人有腸胃病。

講到這裡，我們自己要注意一般人所常常提到的身體與心理的關係。同樣的缺憾是不一定產生同樣的結果的，身體的缺點和不良的生活風格是不一定有因果關係的，因為身體的缺點只要營養適合，便可以診治得很好，可以解決一部分的問題。產生不良結果是因為病人的態度，不是身體的缺陷。所以個體心理學是不承認純粹的身體缺陷，或者純粹身體方面的問題的，他們認為只有對於身體狀況的錯誤態度才會導致消極的結果。因此，個體心理學者便想努力使孩子在形成原型的時候，不要形成一種自卑的心理。

有時候我們看見一個人很煩躁，因為他不能耐心地去克服困難。一般來說總是好動的人、脾氣不好的人，他們一定是有著嚴重的自卑心理。一個人如果自信能夠克服他所遭遇的困難，他絕不會不耐煩的。反之，他對於一切應該要做的事，也不見得都能做得成功。傲慢的、魯莽的和好勇鬥狠的孩子，也是有著嚴重的自卑心理的。我們應該把原因找出來，把他們的困難找出來，然後才好想救治的辦法。孩子的生活風格或原型有了錯誤，我們不應該加以批評，不應該加以「責罰」。

這種兒童時期的特性，我們可以從一些極其奇特的地方看出來。他們具有反常的興趣，他們要設法勝過別人，他們想要達到優越感的目標。此外還有一種人，對於自己的言行，沒有自信。他們極不願意和別人來往，不願意跑到一種陌生的環境裡面去，只想安然地待在他們覺得有把握的小圈子裡。無論在學校方面，在生活方面，在社會方面，在婚姻方面，他們都是這樣做的。他們時時刻刻想在自己那小圈子裡面多做一番事業，好去達到優越感的目標。我們知道很多人都有這種特性，他們忘記了一個人要取得成就就要先與世界接觸。無論什麼事情，都得要解決的。假如有人逃避某些事，逃避某些人，不去解決，在他自己看來未嘗不可以，實際卻是不行的。一個人應該不斷地與社會有新的接觸，有新的常識。

假如一個哲學家要想完成他的著作，他便不能時常去赴宴應酬，因為他需要長時間的單獨生活，才能聚集他的觀念。但是過後他仍應該和社會多多接觸。這種接觸，是他的發展中的重要一部分。所以我們一旦碰著了這樣的人，我們便該記得，他是有兩方面的需要的，並且還要記得，他是可以變得有用，也可以變得無用的。因此，我們對於有用的行為和無用的行為，也應該仔細找出它們的不同之點出來。

一般人總想找出一種情境，在那情境之下，自己可以勝過別人，這就是解釋整個社會歷程的秘訣。所以有著嚴重的自卑心理的孩子，便不願和那些比自己強的孩子來往，而願和那些比自己弱的孩子玩耍，因為比自己弱的孩子可以受他們的支配。這是自卑心理一種變態的、病態的表現，我們要知道，自卑心理並沒有什麼問題，有問題的是自卑心理的程度和性質。

變態的自卑心理叫作「自卑情結」。但是自卑的心理是浸入了整個人格裡面的，情結一詞並不恰當。它不只是一種情結，差不多是一種疾病，在各種環境之下，病狀各不相同。所以，有時候一個人有職業，對於工作有自信心的時候，我們是看不出他的自卑心理的。但是他在社交方面，在異性面前也許便沒有自信心了，那時候我們才能夠發現他的心理方面的實際情況。

有自卑心理的人，一旦碰到困難的或緊張的情境，他們所出的問題更易看得明白。只有遇到困難或者在一個新環境中，他的原型才會表現出來，事實上困難的環境一般也就是不熟悉的新環境。所以我們在上章說過，社會興趣的程度可以在新環境裡面看出來。

假如我們把一個孩子送進學校，我們便可看出他的社會興趣和在一般社會生活裡面是一樣的。我們可以觀察他們，看他們是不是和同學混在一起，還是避開同學。假如我們看見過分活潑的、聰明的孩子，我們就應該研究一下他們的心理，把原因找出來。假如我們看見有些孩子，走路、做事情總是猶豫不決，我們便該特別注意了，小心他們後來在社會方面、生活方面、婚姻方面也會如此。

我們常常遇到一種人，說：「這件事情我打算這樣辦。」「我打算做那件事。」「我要和那個人打架，……但是……」這種種說法，都是一種強烈自卑心理的表現，事實上假如我們能以這種眼光去看那些說法，我們對於某些情緒，比如狐疑之類，便可以得到一種新的看法。我們知道，多疑的人總是多疑，做不出什麼大事來。倒是勇於說「我不」的人，說不定反而會去做。

一個心理學家假如願意去仔細研究，他便常常可以發現人類的許多矛盾。那些矛盾也可以看作自卑心理的一種表現。但是現在我們所應研究的，是那些構成我們的問題的人的行動。他們走路的姿勢和對人的態度也許很不好，我們就應該觀察一下，看他們走近別人的時候，腳步和身體語言是不是猶豫不定。如果是猶豫不定的，那麼，他們在生活中的其他情境之下，也常會猶豫不定。有許多人走路的時候進一步又退一步，那就是一種強烈自卑心理的表現。

我們的全部工作，是去訓練這樣的人，使他們不要再存一種優柔寡斷的態度。正確的訓練方法，是給他們鼓勵而不是打擊他們。我們應該使他們明白，他們有能力可以解決困難的事情，解決人生的問題。這是養成自信心的唯一方法，也就是診治自卑心理所應採取的唯一途徑。

—第三章—
優越感

在第二章，我們已經把自卑情結和自卑情結與一般自卑心理的關係討論過了。那種自卑心理是我們人人都有、人人都想要克服的。我們現在要討論一個相反的問題，這個問題就是優越感。

我們知道，個人生活中的每個特徵，都表現在一種動作、一種進展上面。所以，每個特徵都可以說是有過去和未來兩方面的。過去所代表的，就是我們所要克服的自卑和怯懦的狀態；而未來和我們的努力、我們的目標有密切的關係。因此，我們在自卑情結裡面所注意的是事情的開始，而在優越感裡面所注意的則是事情的持續、行為本身的發展。而且這兩種情結是有內在連結的。一種自卑情結，背後總是多少藏著一點優越感；反之，當我們分析一種優越感、觀察它的發展時，我們也總能發現其背後隱藏著的一些自卑情結。

我們所說的自卑情結和優越感，只是表示一種過度的自卑心理和尋求優越感的努力，這一點我們要弄清楚。明瞭這一點，我們就不會錯誤地以為自卑情結和優越感是存在同一個人身上的兩種矛盾的傾向了。因為很明顯地，優越感的努力和自卑的心理，和普通的情操一樣，是相輔相成的。假如我們不覺得自己的現狀有什麼缺點，我們便不會努力追求優越感。

優越感的努力是永遠不會停止的。實際上個人的心理、精神，也就是由優越感的努力所構成的。我們已經說過，生命是一種目標的達到或者形式的完成，使得這種形式能夠完成的，就是優越感的努力。優越感的努力像一道瀑布，凡是它碰到的東西，都跟它流下去了。假如我們看看懶惰的孩子，看見他們那種毫無生氣、遇事不感興趣的樣子，我們一定會說他們是不活動的。但是他們也有一種優越感的欲望，並且因為有了這種欲望，他們會說：「假如我不是這樣懶，我早已做了總統咧。」我們可以說，他們的活動和努力是有條件的。他們自視很高，以為在有用的生活方面想多做某些事業並不難，只要……自然，這是一種欺誑，是一種幻想，但是我們都知道，人類是常常可以在幻想中求得滿足的。

沒有勇氣的人，尤其如此。他們有了幻想，自己便非常之滿足了。他們覺得自己不是很厲害，所以他們常常走彎路——常常想躲避困難。從躲避困難中，從不願奮鬥中，他們便得了一種感覺：以為自己比別人強，比別人聰敏。其實並不是那麼一回事。

我們知道，有些偷東西的孩子是有著心理優越感的。他們自己以為愚弄了別人，別人不知道他們在偷東西。他們自以為只是動了動手，就獲得了一筆錢。犯罪的人也有這種感覺，他們以為自己是比別人優秀的英雄。

我們已經說過，從某一方面看來，心理優越感是一種自私狹隘的表現。它不是常識，不是社會共識。一個殺人凶手以為自己是個英雄，那種想法就是一種精神態度。他對於人生問題的解決，一味逃避，可見他是個沒有勇氣的人。所以，犯罪是優越感的結果，不是什麼基本的原始罪惡的表現。

我們從精神官能症病人的身上也可以看出同樣的症候。比如他們如果失眠，到了第二天便沒有精神去辦事。他們因為失眠，便以為自己不能去做事了，因為失眠之後，絕不能像不失眠那樣做得好的。他們悲傷地說：「只要我不失眠，我有什麼事不能做呢！」

有些憂鬱的人，有著焦躁的問題，也有這種情況。他們因為自己焦躁，對於別人便一味地壓制。事實上他們之所以利用自己的焦躁去壓制別人，是因為他們總是希望跟別人在一起，無論到什麼地方去都得有人陪著。他們要強迫身邊的人按照他們的希望去生活。

那些有憂鬱症和癲狂病的人，常是全家注意的中心人物。從他們身上，我們可以看出自卑情結所發揮的能力。他們不停地訴苦，一會兒說自己覺得身體抵抗力下降了，一會兒說自己瘦了。實際呢，他們的身體非常健康，只不過他們把健康當作支配別人的籌碼。這種事情並不奇怪，因為在我們這種社會文化裡面，弱小是可以成為強大的。（事實上，假如我們問問自己，在我們的文化裡面哪種人是最強有力的，最聰明的答案一定是嬰兒。嬰兒能支配別人，可是不被別人支配。）

現在讓我們研究研究優越感與自卑情結的關係。我們可以舉一個有著優越感的問題兒童為例，一個粗魯的、傲慢的、好勇鬥狠的孩子，他總想裝得比實際上顯得偉大些。我們都知道，脾氣暴躁的孩子總想突然攻擊別人，使別人受他們的支配。他們為什麼這樣暴躁？是因為他們不相信自己的能力可以達到自己的目標。他們覺得自卑。我們常常可以發現好勇鬥狠的、有侵略性的孩子具有一種自卑情結和一種克服自卑情結的願望。他們的行動像是墊起腳尖，把自己的身體抬高好使自己顯得高大一點，希望由這樣簡而易行的方法去達到成功、驕傲和優越感的目標。

我們對於這種孩子，應該想個幫助他們的辦法。他們之所以做出那樣的行為，是因為他們不懂得人生原是統一的。他們不知道萬事萬物全都有個自然的秩序。我們不應該因為他們不願知道這種道理便去責備他們，因為假如我們去問他們，他們一定還會堅持認為自己只會比別人厲害，不會比別人差的。所以我們應該用友好的態度，把我們的看法向他們解釋，使他們漸漸地瞭解。

假如有人愛在別人的面前表現自己的本領，那完全是因為他們自己覺得不如別人的緣故。因為他們覺得自己沒有力量，不能在有用的生活方面和別人去競爭，所以，他們便站到脫離現實的方面去了，他們無法真正融入社會。他們不能適應社會，並且不知道怎樣才能解決人生的社會問題。所以我們常常看見這類人在兒童時期總是和父母老師鬧彆扭的。像這樣的事情，我們必須瞭解他們的情境，並且使情境能被孩子自己所瞭解。

自卑情結和優越感並存的情況，我們在一些神經疾病裡面也可以看出來。有著神經疾病的人常常流露他們的優越感，但是並不知道自己有自卑情結。關於這一點，有個強迫症患者的病史，可以幫助我們做點解釋。一個家庭中有一對年齡相近的姐妹，姐姐很美麗很受人喜愛，而妹妹對於這一點就很在意。從這個案例中我們就能看到，一個家庭裡面如果有一個人的地位比別人高，別人就會過得很不愉快。無論那個佼佼者是誰，父親也好，子女中的一個也好，母親也好，結果都是一樣的。家庭裡面其他成員的處境會很糟糕，有時候他們簡直會覺得煩躁得受不了。

別的孩子於是都生出一種自卑情結，努力向優越感走去。如果他們不只注意自己，同時還能注意別人，那麼，他們的人生問題還可得到滿意的解決。但是一旦他們的自卑情結變得很嚴重的時候，他們便會覺得自己的周圍充滿了敵人，他們便會只去注意自己，不大注意別人，因而他們便不能具有相當分量的社會共識。他們懷著一種感覺去解決人生的社會問題，但是那種感覺對於人生的社會問題，並不能給他們什麼幫助。因此，他們為了尋求解脫，便放棄努力乾脆走到人生的消極方面去了。我們知道，這種解脫並不是真的解脫，只不過是放棄了解決問題，把希望放在別人的幫助上，看上去好像是一種解脫罷了。他們和乞丐一樣，什麼事情都要靠別人的幫助，在他們看來，自己是利用了自己的弱點過得輕鬆一些。

無論是成年人或者是孩子，如果自己覺得不如別人，他們對於社會便不再去關注，而只顧尋求優越感，這種情形似乎是人類的一種天性。他們解決人生問題的時候，只求個人的勝利，一點也不注意社會的利益。一個人如果一方面努力尋求個人的勝利，一方面也能顧到社會的利益，他的生活就是有用的，便能有成就。但是一旦他喪失了社會興趣，他對於人生問題的解決便不是真的有了準備。我們已經說過，問題兒童、癲狂病人、犯罪者、自殺的人都是屬於這一類的。

我們開始所說的那個女孩，她的環境是不如意的，她覺得沒有發展的希望了。本來，假如她對於社會還能保持興趣，對於我們所懂得的道理她也能夠懂得，那麼她是可以向別的方面發展的。後來她去學音樂，想當一個音樂家，但是因為總是想到她的姐姐比她更得別人的喜愛，而產生了自卑情緒，她的心態開始失衡，最後在音樂方面也沒有什麼成就。當她到了二十歲的時候，她的姐姐結了婚，於是她也想要結婚，去和她的姐姐競爭。這樣一來，她便沉溺越深，離正常的生活越遠。她覺得自己是個壞極了的女人，具有一種魔力，可以把別人送進地獄裡面。

我們知道，這種魔力就是一種優越感；但是她卻抱怨那種魔力，就好像有些有錢人矯情地抱怨自己運氣不好，居然成了有錢人一樣。她覺得自己有種神秘的力量，既能讓人下地獄，也能讓人上天堂。自然，這兩種想法在我們看來都是很可笑的，但是這個女孩卻深深沉浸於這種幻想當中，她相信自己確實具有這種力量，她比自己受人喜愛的姐姐更強大。事實上，她也只有在幻想中才能勝過她的姐姐。為了增強說服力，她便總是抱怨，說自己不該具有這種力量，因為她越抱怨不該有這種力量，她便越像具有這種力量了。其實她的抱怨就反映出她的在意，如果她真的不在乎這種力量的有無，那麼完全可以對這種力量一笑置之。只有抱怨，她才覺得運氣很好，她才覺得快樂。從這個案例中，我們就可知道，有時候一種優越感情緒可以隱藏起來——看上去可能並沒有追求優越感——可實際上它就在那裡補償自卑的情結。

我們現在要談談那個做姐姐的情況。她很討人喜歡，在一段時間內，她是個獨子，是家庭的第一個孩子，所以大家溺愛她，全家人的注意力也集中在她身上。但是三年之後，她的妹妹出生了，於是她的處境也完全變了。以前她只有一個人，她是全家注意的中心，現在她一下子就失去了這樣獨特的地位。這種處境的變化，讓她變成了一個喜歡跟人爭鬥的孩子。但是我們知道，爭鬥的事情是只有同伴比自己弱小的時候才能取得勝利的。所以，很多好爭鬥的孩子並不是真的無所畏懼，只不過他們喜歡欺負比自己弱小的孩子而已。假如環境不允許，這種孩子不只不會跟人競爭，反而會變得性格暴躁，或者整天憂鬱消沉，因為父母對他們的喜愛也會進一步消退。

在這種情況下，那個做姐姐的很快就會認為自己沒有從前那樣被人疼愛了，她覺得周圍人對她的態度都改變了，很多時候現實情況也確實是這樣的。這個女孩很快會對母親產生敵意，因為她認為妹妹是母親生的，這都是母親的錯。所以，我們就能理解了，為什麼她突然開始不服從母親的管教。

我們再看看妹妹，也就是那個剛出生的嬰兒。她和所有嬰兒一樣，需要別人的照顧、關心和撫愛，所以在這個時期她的處境很好。她不必自己努力爭取自己的地位，不必跟人爭鬥。她是那樣甜美、溫順可愛，像個小天使一樣，立刻就成了全家注意的中心。

現在讓我們研究一下，看看孩子的甜美溫順對於人生有沒有用處。我們可以假設孩子之所以這樣甜美溫順，是因為一直處在被溺愛的環境中，但是就我們的文化來說，那些被溺愛慣了的孩子是無法適應社會的。於是，或者孩子的父親，或者學校，總有人要來干預這種情況，因此這種孩子的地位也是時時刻刻都有危險的，所以孩子便有了一種自卑的心理。身處順境的時候，他們的自卑心理還不太明顯，但是一旦身處逆境，他們不是因失敗而變得憂鬱，就是會養成一種優越感的情結。

優越感和自卑情結有一個共同點，那就是它們對於人生和個人發展都沒有什麼益處。一個驕傲無禮、不斷追求優越感的孩子，他的生活很容易陷入無用的困境中。這種孩子進了學校以後，在新環境中過得可能就很不順利了。從此以後，他們在人生問題上便會採取一種優柔寡斷的態度，無論做什麼事情都有始無終。

我們前面所說的那個妹妹就是這種情況。她學手工、學彈琴，可是每次都是隨便學一點就半途而廢。同時，她對於社會也沒有興趣了，她不願意出去，人很鬱悶不快樂。她覺得她姐姐的性格比自己可愛，大家只關注姐姐沒人重視她。她猶豫的態度使得她人也更加卑弱，性格也更加陰沉了。

後來，她在職業方面也是優柔寡斷的，做什麼都不能善始善終。她雖然想在戀愛和結婚方面和她姐姐去競爭，可是她的態度仍然是優柔寡斷的。三十歲的時候，她跟一個有肺病的男人談起了戀愛。當然，這種選擇她的父母是不會同意的。在這種情況之下，她不必自己停止她的行動，她的父母就會幫她停止了，結果也正是這樣——她沒有和那個男人結婚。過了一年，她和一個比她大三十五歲的、毫無感情的人結了婚，這種婚姻已經不能算作是正常婚姻了，所以他們的結婚是沒有用處的。

生活中，我們也常看到這種情況，有些人在選結婚對象時，總是讓人感覺不靠譜，他們或者選一個年紀大得多的，或者選一個不能成婚的，比如婚外情、三角戀之類的，這其實也是種自卑情結的表現。一般來說，當一個人做事處處不順暢的時候，就應該檢討一下自身是不是有懦弱自卑的成分。這個女人因為在婚姻方面的不如意，自身心理優越感得不到滿足，於是另闢蹊徑，找到了一種奇特的優越感。她認定世界上最重要的事情就是清潔，因此她將自己逼出了潔癖來，一天到晚常常洗浴。假如有什麼人或者什麼東西碰了她一下，她馬上就要洗手或洗衣服。這樣一來，誰也不願意去接近她了。其實呢，如果我們科學地看，她的兩隻手就夠髒的。因為她總是不停地洗手，手變得粗糙乾燥，更容易積聚塵垢。

心理學認為，這個女人是有自卑情結的，但是她個人卻覺得自己是世界上唯一乾淨的人，經常指責別人不講衛生，不注意洗手，因為他們沒有她那種潔癖，就成了錯誤。她像一齣滑稽劇裡的角色。她總希望自己比別人更好、更優秀，這一點終於在她的幻想中實現了——她也有可以自傲的了，她是世界上最乾淨的人。我們由此可以知道，她的自卑情結已經變成了虛妄的優越感，她以此讓自己得到心理滿足。

有著妄自尊大病（Megalomaniaes）的人，自以為是耶穌、是皇帝，也有這種現象。這類人的生活是脫離現實的，他們的言行好像是真的一樣。他們的生活是孤獨的，假如我們追溯他的過去，我們便可知道他們從前覺得自卑，因而養成了一種優越感。

有一個十五歲的男孩，因為產生幻覺進了精神病醫院。那時候第一次世界大戰還沒有爆發，他卻在幻想中認為奧匈帝國的皇帝死了。這本是與事實不符的，但是他說皇帝在他的夢中現了身，要他率領奧國的軍隊去抵抗敵人。這真是一個了不起的任務，可是我們看看現實中的他，他只是一個還沒有完全發育好的男孩！大家把報紙給他看，上面或者說皇帝在皇宮裡處理政務，或者說皇帝乘坐汽車外出訪問，可是他卻全不相信。他堅持皇帝已經死了，在他的夢中現了身。

那個時候，個體心理學正在研究人類的睡姿，有人認為睡姿可以表現出一個人的心理優越感或者自卑心理。這是一種值得嘗試的研究。有些人睡在床上，身體蜷曲像一隻豪豬，被子一直蓋到腦袋。這就是一種自卑情結的表現。對於這樣的人，我們很難相信他是一個充滿勇氣的人。假如我們看見另外一個人，睡覺時身體舒展，手腳攤開，我們會認為他是一個心理脆弱的人嗎？事實上，他也正像睡覺時表現出來的那樣開朗大方。此外，有人說過，通常習慣俯身睡覺的人都有點剛愎自用，喜歡跟人家爭鬥。

我們為這個孩子做了一些檢查，試圖找出他醒時的行為和睡覺姿勢的關係來。我們發現，他的睡姿有點奇特——睡覺的時候，兩臂交叉，放在胸前，就像拿破崙一樣。因為我們看過拿破崙的照片，都知道拿破崙的兩臂是這樣放著的。第二天大家問他：「這個姿勢讓你想起了什麼你認識的人嗎？」他答道：「是的，我想起我的老師了。」這個答案看上去似乎有點讓人摸不著頭腦，後來有人說也許他的老師像拿破崙也不一定。結果果然如此。這個孩子很尊敬他的老師，自己想學他一樣也當個老師。但是這註定是一個不可能實現的夢想，因為家境貧窮，他沒有錢接受教育，他家裡便把他送到一家餐館去打工，一些顧客嘲笑他身體瘦小，而他受不了他們的嘲笑，想要逃脫這種屈辱，但是一逃便逃到脫離現實的生活方面去了。

這個孩子所經歷的一些事情，我們完全想像得到。一開始他因為身材瘦弱，被餐廳裡面的顧客嘲笑，所以有著一種自卑情結。但是他總是想尋求優越感，他想當個老師。因為沒能當得了老師，他便繞個圈子，跑到脫離現實的生活方面，另外找著一個優越感的目標。於是他便在睡著的時候，在做夢的時候，變得比別人都更加厲害了。

因此我們知道，優越感的目標，可以落在脫離現實的生活方面，也可以落在有用的生活方面。比如有個做慈善的人，他之所以做慈善，不外乎兩個原因，也許他對社會很能適應，想要幫助別人，也許他之所以如此，只是想要取得道德上的尊崇地位。心理學家碰到過許多做慈善的人，他們的目標只是想要炫耀而已。

有一個男孩，在學校裡面的成績很不好，表現得也很糟糕，他甚至壞到翹課、偷東西的地步，而且他還常常吹牛。他之所以翹課、偷東西，是因為有自卑情結。他虛榮地想在某方面做點成績出來，可是又不想費力。於是他便去偷別人的錢，買了鮮花和別的禮物去送給妓女。有一天他開著一輛汽車，跑到很遠的一個市鎮，在那裡租了一部六匹馬拉的車子，這真是氣派極了。他很威風地在鎮上駕著這輛車子到處走，最後被警察抓起來了。我們看到，他的一切行為其實都是為了尋求優越感，為了證明自己強過其他人，他不願意面對現實中的自己。

犯罪者的行為，也有同樣的傾向，希望不費力氣而能得到成功——關於這點，我們在別的地方已經討論過了。不久以前，紐約的報紙上面說到一個犯罪者闖入一群老師的住宅並和老師聊天。他告訴那些女老師，說她們不知道勤懇地工作多麼麻煩；說犯罪比上班容易得多了。這個犯罪者的生活是黑暗而消極的。不過他因過著脫離現實的生活，卻養成了一種優越感。他覺得自己比那些女老師強，尤其是因為他有武器而她們沒有。但是他可知道他自己是個懦夫嗎？我們是知道他是一個懦夫的，因為他是一個為了要逃脫自卑情結，而跑到消極生活方面去了的人。可是他還以為自己是個英雄，不是個懦夫呢。

有些人總是出現自殺的念頭，想以死亡逃避現實中碰到的困難。這些人雖然實際上是非常懦弱的，可是在他們自己看來，倒好像自己真是一個不怕死的勇敢者呢。我們知道，優越感是一件事情的第二方面，它是用來補償自卑情緒的。我們應該去找出它們的有機關係。這種關係看上去好像自相矛盾，實際上卻是合情合理的，前文我們已經說過，只有弄清了這種關係，我們才能解決自卑情結和優越感。

在結束自卑情結和優越感的討論的時候，我們還要談談它們和正常人群的關係。我們已經說過，自卑心理是每個人都有的，從這一點上來說，自卑心理絕對不是一種疾病，它更像是一種激勵，激勵人們努力彌補自己的不足，獲得更好的發展。但是一旦自卑的心理把一個人嚇住了，不但達不到促進其努力上進的作用，反而把他弄得消沉憂鬱，失去了上進心，那才是一種病態。總之，優越感就是一個人有了自卑情結的時候用來逃脫困難的一種迴避方法。他實際上比不上別人，可是他幻想自己比別人更了不起——因為心理上無法承認自己的卑弱，所以幻想一種虛假的成功來滿足自己。而正常的人是沒有優越感的，甚至於連心理優越感都沒有。他只有一種優越感的努力，比如我們都有野心，想要成功一樣。如果他的努力發洩在工作裡面，他是不至於妄自尊大的。

—第四章—

生活風格

觀察一下長在山谷裡面的松樹和山頂上的松樹，我們就會發現，兩者存在很大區別。儘管兩棵都是松樹，儘管它們的品種相同或相近，但是它們的生長風格並不相同。松樹的生長風格就表現在環境裡面，表現在適應整個環境的個性。但是當我們以一定的環境背景來看待某種風格時，會發現它與我們所想的存在差別，我們因此知道每棵樹都有一個生活模式，而不僅僅是對於環境的一種固定的反應。

人類也是一樣的。我們看見某種環境之下的生活風格，我們就應該分析它和那個環境的內在關係，因為心理是隨環境的改變而改變的。一個人處在順境的時候，他的生活風格我們是很難看清楚的。但是到了新的環境裡面，遇到了困難，他的生活風格便很容易被識別出來了。受過訓練的心理學家對於個人的生活風格，哪怕是在順境之下，說不定也可以觀察出來，但是人一到了不順遂的環境中，他的生活風格就會表現得特別明顯。

生活不是遊戲，它充滿了真實的困難。人類常在環境裡面遇到困難，這個時候就是我們做研究的好時機，我們可以觀察人們在遇到困難的時候，行為有什麼不同，有什麼特殊的表現。我們說過，生活的方式是一個整體，生活風格源自於一個人在年幼時，遇到的困難和對目標的追求。

但是最應該被注重的不是過去，而是未來。我們為了瞭解一個人的未來情形，所以必須瞭解他的生活風格。我們即使懂得了個人的本能、刺激、衝動等，我們對於他的未來情形還是沒有方法料定的。有些心理學家的確想從某種本能、印象或傷害入手，去得出結論，但是仔細研究一下，就知道瞭解本能、印象、傷害的前提是得有個一致的生活風格。所以無論什麼刺激，刺激的結果只是「維持」生活風格，「穩固」生活風格而已。

生活風格這一概念，是如何與我們前面各章所說的內容連結起來的呢？我們已經知道，有生理缺陷的人遇到了困難，缺少安全感的時候，就有著一種自卑心理或自卑情結。但是人類是無法長期承受自卑心理帶來的壓力的，所以自卑心理就會刺激他們，讓他們行動起來，於是他們便有了一個長期目標。這種朝著一個目標的一致動作，個體心理學最初把它命名為生活計畫，但是因為一些學生有時候對於生活計畫的說法容易發生誤解，所以現在便把它叫作生活風格了。

因為一個人有一個特定的生活風格，所以有時候只要和他談談話，問他一些問題，就可以預料他的未來發展。這就好像看戲看到了第五幕一樣，一切的疑點都解開了。我們之所以能用這種方法去預料一個人的未來，是因為我們知道了他人生中不同方面的困難和問題。所以對於不和別人來往的、尋求別人扶助的、被溺愛慣了的、很難適應新環境的孩子，憑著我們的經驗，再加上一點他們的生活情況，就可以預料他們的未來情形。一個需要別人扶助的人會怎樣？他遇事猶豫，碰到人生問題就會停下來、就會躲避，無法自己去解決——在心理學臨床案例中，同樣的情形發生過千百次了。我們知道他不能一個人奮進，他要得到別人的欣賞、推動、關注。他對於人生大事想遠遠地躲開，他的所作所為，全是無用的事情，不是對生活有益的奮鬥。他缺乏社會興趣，結果就會變成問題兒童、精神官能症病人、犯罪者，甚至做個最後的躲避——自殺。這種種情形，現在所知道的比從前明白多了。

比如我們知道，尋求一個人的生活風格的時候，我們可以用正常的生活風格做測量的基礎。我們把能夠適應社會的人當做標準，我們就能測出非正常的生活風格了。

說到這裡，我們最好解釋一下我們判定正常生活風格的方法，和根據正常生活風格去瞭解一個人的錯誤與特點的情況。但是在沒有討論這點以前，我們應該先說明一下，我們在這裡所做的討論是不會去區分人的類型的。我們之所以不談人的類型，因為每個人都有各自的生活風格。世界上沒有兩片完全相同的葉子，同樣，世界上也沒有兩個絕對相像的人。自然界是非常豐富的，衝動、本能、錯誤的可能性難以數計，怎麼可能有兩個完全一樣的人呢？所以假如我們說到人的類型，也不過是一種理論上的區分，使人與人間的相同點更容易被理解而已。假如我們做一種理論上的分類，把人分成不同類型，再去研究各類的特點，我們便容易作一些判斷。但是，即使如此，我們也不一定次次都用同樣的分類——我們只用能夠引出某種相同之點的分類方法。把類型和分類看得太重要的人，一旦把某人貼上了某類標籤，他們就不知道那個人是還可以放到其他類型裡去的。

舉個例子就可以證明我們這種看法。比如我們說到有一類人對於社會不能適應的時候，我們所指的是那種過著枯燥生活、缺少社會興趣的人。這是把人分類的一個方法，也許是個最重要的方法。但是請你想想：有一個人，他的興趣非常匱乏，只是對於抽象的藝術比較感興趣；另外有個人，他對社會也同樣缺少興趣，只是喜歡研究枯燥的語言學——我們可以看到，他們是類型完全不同的兩個人，但是他們都是對社會不能適應的，都是不容易跟人建立夥伴關係的一類人。所以，假如我們不明白類型只是一種圖方便的分類方法，類型便會成為混淆的根源。

現在讓我們回頭再講正常的人吧，正常的人是我們測量變態的標準。這類人是真正立足於現實生活的人，他們的生活風格能夠適應社會，無論他們有意無意，社會都可以從他們的工作中得到益處。並且從心理學的角度看來，他們的精力勇氣都很充足，問題來了，困難來了，都能解決。至於精神有病態的人，這兩種性質都沒有：他們對於社會既不能夠適應，而在心理上對於日常的生活也沒有本事去解決。我們可以舉一個例子：一個三十歲的男人，對於生活問題的解決，總是半途而廢。他有一個朋友，但是他對於那個朋友總是抱持著一種懷疑的態度，因而彼此的關係也不好。在這種情況之下，友誼是不能夠健康生長的，因為對方覺得彼此的關係太緊張了。他雖然和許多人聊天對話，但是實際並沒有真正的朋友，他之所以弄到這種地步，是因為他沒有充分的社會興趣，對於社會也不能夠適應，不能夠交朋友。事實上，他並不喜歡社會，在別人面前總是很少開口說話。在他自己看來，他和別人沒有共同語言，所以也就沒有什麼可說的了。

這個人還很害羞。他說話的時候，腮邊總是不自禁地泛起紅潮。如果他不害羞，他的話其實還蠻有道理的。實際上他所需要的是別人幫他去克服害羞的心理，不是批評他的缺點。當然，他害羞的時候總是顯得有點畏縮，身邊的人也就不怎麼喜歡他。他察覺到了這一點，結果便更不喜歡說話了。我們可以說他的生活風格是這樣的：假如他去接近別人，他便會注意自己。

除了社會生活和與朋友合得來的能力以外，接下來就是職業問題了。這個病人總怕自己在職業上失敗，於是不分日夜地努力工作。但是他工作得太過了，緊張太過了。因為太緊張了反而使他表現得不好，這樣一來就不好解決職業問題。假如我們把他對於人生的第一、第二兩大問題的態度比較一下，我們就知道他的問題就是太緊張了。這就是他有強烈的自卑心理的表現。他把自己看得太低，以為別人和新的環境都對他有敵意，他的行動好像是置身在一個危險的國度裡面一樣。

我們現在有了充分的資料，可以勾勒出這個人的生活風格了。我們發現，他很想獲得成功，但是同時又怕失敗。他好像站在一個深淵裡面，在那裡掙扎，處境很糟糕。他想辦法進步，但是只在某種條件之下才能前行——他更願意待在家裡，也不願意跟別人合作。

這個人所遇到的第三個問題是戀愛問題，這是多數人都沒有的——他不敢去接近異性。他覺得自己要戀愛了，要結婚了，但是因為自卑心理太強烈，不敢去做。他所要做的事，他都做不成功。他的全部行為、整個態度都可以用兩個詞概括起來——「是的」、

「但是」。他一會兒和這個女人戀愛，一會兒又和那個女人戀愛。精神官能症病人自然常是這樣，因為在某種意義上說來，「兩個女孩是少於一個女孩的」。這個事實可以用來解釋有些人的一夫多妻傾向。

現在讓我們看看導致他現在的生活風格的原因吧，我們知道個體心理學是要分析生活風格的原因的。這個人的生活風格是在四、五歲的時候養成的，在四、五歲的時候，發生過某種悲劇讓他變成了現在的樣子，所以我們必須找出那個悲劇。我們可以知道，一定有什麼事情使他對於別人失去了正常的興趣，使他覺得生活只是一道大大的難關，只要前進就會遇到困難，所以乾脆就不要前進好了。因此，他就變得小心猶豫，總想找一條躲避的道路。

我們應該注意一個事實，他是個長子。關於長子地位的重要意義，我們已經說過了。長子的主要問題是他做了幾年全家注意的中心，結果他的好時光很快結束了。他的榮耀被人奪去，家裡人把關注點放在另外一個孩子身上。有許多害羞的人、不敢前進的人，我們找出來的原因都是因為另有別人更受偏愛。所以這個人的問題是不難被發現的。

許多時候，我們只要問問病人就夠了：你是長子嗎？是第二個孩子嗎？是最小的孩子嗎？問過之後，我們所需要的資料就都有了。此外我們還可以用一種完全不同的方法：我們可以問他對於個人的早期記憶，這一點我們在下章要仔細討論。這種方法很有用處，因為個人的早期記憶或者最初的印象是孩子生活風格的一部分，那種生活風格，我們叫作原型。一個人如果說出了他所憶起的往事，你便得到了他的原型的真正部分。無論哪個人，回想以前，總可以記起些重要的事情，凡是記憶中的事情實際總是重要的。有些心理學派的主張剛好相反。他們相信一個人所遺忘了的事情是最重要的事情，但是他們的主張和我們實際並沒有分別。也許一個人可以把他意識中的回憶告訴我們，但是他自己並不知道那些回憶的意義，他不知道那些回憶和他的行為性格的關係。所以，無論我們所注意的是存在於意識之中的回憶或者潛在的被遺忘了的回憶，結果都是一樣的。

個人的早期記憶，哪怕只有一點點都是很有用的。比如一個人告訴你，說他小時候，母親帶他和他的弟弟去市場。這就夠了，我們就可以發現他的生活風格了。他描述了他自己和他的弟弟，我們由此可以知道，這個弟弟跟他目前的生活狀態一定有某種關係。再問他，你就可以知道他的情形和某個人所記起的落雨的情形一樣——他母親把正在撒嬌的他抱起來，但是當她看見他弟弟的時候，便把他放下去，轉而抱了那個小的。由此我們便可描繪出他的生活風格了，他總怕別人比自己更得他人的喜愛。他之所以在人多的場合裡面不願意說話，就是因為他總是把注意力放在是不是有人比他更得別人的喜愛上面。友誼方面也是一樣的。他常常以為有人比他更得他朋友的喜愛，結果他便永遠不能有個真心的朋友。他總是多疑，找出些小事情去擾亂他與朋友的關係。

並且我們知道，這個悲劇對於他的社會興趣的發展也是有妨礙的。他記得母親把弟弟抱在手裡，於是覺得弟弟比他更得母親的喜歡。他認定了弟弟比自己更得寵愛後，便常常去想辦法證明這種觀點。他完全相信自己是對的，於是他便始終處於緊張狀態中——每當看見別人比他更受歡迎，他便感到非常痛苦，而幻想去做出一番事業。

這種多疑的人的唯一辦法就是與別人完全斷絕往來，免得和別人去競爭，這樣一來，他就彷彿成了地球上唯一的人類。有時候這種孩子確實會幻想整個地球都崩潰了，幻想出現了世界末日，地球上只剩下他自己——這樣一來就再也沒有人能勝過他。我們知道他是努力地想把自己從這種狀態中拯救出來的，但是他用錯了方法，沒有遵照邏輯、常識和真實去做事，他所遵照的是多疑。他生活在一個狹小的世界裡，過著避世的生活。他和別人完全沒有關係，對別人沒有興趣。但是我們也不能怪他，因為他不是一個真正的正常人。

對於這類人，我們要做的就是把能適應社會的人所需要的社會興趣給他們。該怎麼做呢？這類人最大的問題在於太過緊張，他們總是想要證明自己的預設看法是正確的。所以我們只有深入他們的人格裡面，消滅他們的預設看法，除此之外，我們是沒有方法改變他們的觀念的。而如果要達到這個目的，便得用點技巧，用點策略。提供幫助的人最好和病人沒有密切的關係，也沒有利害關係。假如他和病人有直接的關係，那麼對方就很容易懷疑他的行動是為了自己的利益，或者是出於某種目的。

最重要的是減少病人的自卑心理。自卑心理是不能完全消滅的，事實上我們也不想完全消滅它，因為自卑心理也可以成為一個人上進的力量。我們應該改變他們的目標。我們已經知道，他們因為認為其他人更受人喜愛，因此想逃避，他們的目標是避世的，我們便應該從這種地方去著手。我們應該告訴他們，說他們的確把自己看得太低了，去減少他們的自卑心理。我們可以把他們行為方面的問題告訴他們，可以向他們解釋，說他們太緊張了，好像站在一個懸崖上，又好像住在一個充滿敵意的國度裡，時刻有危險似的。我們可以告訴他們，說他們因為怕別人比自己更受歡迎，反而為自己製造了障礙，導致自己不能做最好的工作，不能給別人留下最好、最自然的印象。

假如這類人能夠在社交團體裡面做個主導者，使他們的朋友很快樂，對於朋友很和氣，也能注意照顧朋友的情緒和利益，他們一定會取得巨大的進步。但是在日常的社交生活裡面，他們不能為自己找到快樂，他們還會說：「那些人都太愚蠢無聊——他們不能使我快樂，我對他們完全不感興趣。」

這類人的問題是這樣的：他們因為缺少個人智識，沒有常識，所以不能理解事態環境。我們已經說過，他們總好像四周常有敵人一樣，像獨狼一樣生活。身處人類社會卻過著這樣一種生活是一件可悲的變態的事情啊。

現在讓我們另外看看一個特殊的例子，一個有著憂鬱症的人。憂鬱症是一種很普通的疾病，雖然有點麻煩，但是治療得當也是可以痊癒的。這類人在很小的時候就有一些特殊表現。事實上我們看過許多孩子在接觸新環境的時候，就有憂鬱症的前兆。我們所說的這個憂鬱的人，問題很多，每次碰到了一個新的環境，問題就出現了。而在熟悉的環境裡面，他卻差不多是個正常人。但是他不願意和別人接近，總想要支配別人，因此他便沒有朋友，到了五十歲還沒有結婚。

讓我們看看他的兒童時期，好去研究他的生活風格。他很小的時候就有點過於敏感，喜歡吵鬧，常常過分細緻地描述自己的痛苦、弱小，藉以支配他的哥哥姐姐。有一天在床上玩，他把他們一起推下去。等他伯母罵他的時候，他說：「你居然罵我，我的整個人生都被你毀掉了！」你能相信嗎？這是一個幾歲小孩說出的話。

他的生活風格就是這樣的——總想支配別人，總是訴說自己的弱小，事無巨細地描述自己碰到了哪些困難。這種個性使他長大了變成憂鬱症，這其實就是一種弱小的表現。每個有著憂鬱症的人，差不多都會說「我的整個人生都被毀掉了，一切都完蛋了」。這類人常常是受過溺愛而現在沒人溺愛他了，這就影響了他們的生活風格。

人類對於環境的反應和各種動物很相像。野兔與豺狼虎豹對於同一個環境的反應不一樣，人類也是如此。有人做過一個實驗，把三個男孩帶到動物園的老虎籠邊，想看他們第一次見了老虎都有什麼反應。第一個男孩害怕地抱著大人說：「我們回家去吧。」第二個男孩說：「好漂亮啊！」他努力保持鎮定，想表現自己的勇敢，但是說話的時候全身在發抖。第三個男孩撲到籠子邊說：「我吐它一口口水好嗎？」這就是三種不同的反應，對於同一環境的三種經驗方法。

同時我們又知道，人類多半是有恐懼傾向的。這種懦弱的態度，表現在社會環境裡面就是導致不良適應的常見原因。有一個人，出身於社會地位較高的家庭，但是他從來不想自己努力奮鬥，只希望得到別人的扶助。他既自卑又表現得很懦弱，自然找不到好工作，也得不到較好的社會地位。後來他的家境敗落了，他的兄弟不停地數落他：「你真太笨了，工作都找不到。你一點用處都沒有。」於是他便開始酗酒。過了幾個月，他就成了一個酒徒，在社會福利機構待了兩年。社會福利機構救了他，但是這種效果很明顯不是長期的，因為他被放出來的時候，對於社會還是沒有準備。他雖然出身很好，但是除當工人以外，再也找不到其他工作。不久他又出現了幻覺——覺得有人在嘲笑他、諷刺他，於是工人也做不成了。他最初之所以不能工作，因為他是個酒徒；現在之所以不能工作，是因為產生了幻覺。由此我們可以知道，挽救一個酒徒不能只是幫他戒酒，最重要的是觀察他的生活風格，改正他的生活風格。比如在這個案例中，我們經過瞭解之後，得知這個人從小被溺愛慣了，從小到大，他做任何事情都需要別人的幫助，換句話說，他沒有獨立工作的經驗和準備，這樣放任下去，最終的結果我們已經看到了。因此，我們教育孩子的第一要旨，是使孩子自立。也因此，我們要努力讓孩子明白他生活風格中的錯誤。這樣一來，這個孩子便可以努力獨立起來，而不是整天依賴他的兄弟姐妹。

第五章

個人的早期記憶

我們分析完個人生活風格的意義後，現在又要討論個人的早期記憶了。瞭解個人的早期記憶，也許是瞭解生活風格最重要的方法。我們只要回想兒時的記憶，就可以發現個人的原型——生活風格的根源——比用其他方法容易得多。

假如想要發現一個孩子或成年人的生活風格，我們聽完他的問題以後，就應該問問他有什麼個人的早期記憶，然後把他的回憶和他所說的事實比較一下，我們會發現，他的生活風格多半是沒有變化的，他的整體人格從幼年到現在很可能是維持不變的。我們已經說過，一種生活風格的養成是由於個人尋求某種特殊的優越感目標的努力，所以一個人的語言、行動、態度都應該是他的整個路線圖的一個組成部分。尤其在個人的早期記憶中，我們會發現情況正是如此。

但是，我們不應該把個人的早期記憶，和較近的回憶區分得太嚴格了，因為在較近的回憶中，也可以看出一個人的路線圖。從最初的時候去看路線圖，自然比較容易，比較清楚，因為在最初的時候我們可以看出路線圖的主旨，並且由此可以知道一個人的生活風格實際上是不會改變的。從個人在四、五歲時所形成的生活風格當中，我們可以知道，個人的早期記憶與現在的行動是有關係的。所以，我們用這種方法觀察多次之後，就可以確信一種學說，認定在個人的早期記憶當中，我們總可以找出求助者的原型的一個真實部分。

當一個求助者回憶過去的時候，我們可以相信：凡是他所想起的事情一定是在當時對他的情緒構成了巨大衝擊，是在情緒上使他感興趣的，由此我們便可以找出他的生活風格的一條線索。一個不能否認的事實是，遺忘了的經驗對於生活風格、對於原型也有重大的影響，但是要把遺忘了的回憶——又叫作無意識的回憶——重新找出來，可就困難得多了。意識的回憶與無意識的回憶有個共同的性質：都是走向同一個優越感的目標。它們都是整個原型的一部分。所以，如果有可能，最好把意識的回憶與無意識的回憶全找出來。意識的回憶與無意識的回憶，結果都是一樣的重要，但是對個體自身來說，他們通常是無法理解這兩種回憶的意義。理解和解釋這兩種回憶，是局外人要做的事。

讓我們先說意識的回憶吧。有些人當你問他們的個人早期記憶的時候，他們說：「我什麼也想不起來了。」我們碰到這類人，便應該叫他們集中注意，努力去想。他們經過一番努力之後，就會記起一些事情的。但是他們這種遲疑的態度，就是表示他們不願意回到他們的兒童時期去，我們由此就可下個斷語，斷定他們的兒童時期是不快樂的。對於這類人我們應該引導他們，應該暗示他們，才能得到我們所需要的回憶。事實證明，他們最後總是可以回憶起一些事情的。

有些人說自己能夠回憶起出生後第一年的事情。這種情況不太可能，也許他們所回憶起的事情是他們的幻想，不是他們的回憶。但是不管幻想也好，真的回憶也好，實際上並無分別，因為都是他們人格的一部分。有些人說他們不敢斷定自己記起的事實是記起的呢，還是父母告訴他們的。這也沒有關係，因為即使是父母告訴他們，他們會記在心裡，我們也可以由此看出他們的興趣來。

我們在上章已經說過，我們為了某種目的，最好把個人分成幾類。個人的早期記憶就是各類人各不相同的，它所表現的，就是各類的人所應有的行為。我們可以舉個例子，有一個人，他記得看見過一棵奇怪的聖誕樹，樹上充滿了燈光、禮物和糕餅。這個故事裡面最有意思的事情是什麼？是他「看見過」。為什麼他告訴我們他「看見過」？因為他常常注意視覺方面的東西。他小時候有點近視，他努力去克服那些缺點，結果經過一番練習之後，他對於「看」便常常有興趣也很在意。也許這並不是他生活風格最重要的成分，但總是一個有趣的重要部分。由此可以知道，假如我們要給他一種職業，最好是給他一種能夠利用他的眼睛的職業。

學校給予孩子的教育，常常做不到因材施教。比如我們可以發覺一個對於視覺有興趣的孩子，不肯老實聽課，總是東張西望，因為他想要看點不同的東西。在教導這種孩子時，我們其實應該耐心一點。我們還看到有許多孩子在學校裡只用一種方法去學習，因為他們只喜歡調動自己的一種感官，可能是聽覺，或者是視覺。有許多孩子非常好動，他們很難安靜下來。我們對於這三類孩子，是不能夠希望他們有同樣的結果的，特別是老師喜歡用一種方法來教學時——比如只適用於那些喜歡聽講的孩子的方法——結果更不一樣。老師如果只是不停地講解，那麼那些喜歡調動視覺或者喜歡自己動手的孩子就比較糟糕了，不僅成績好不了，個人的發展也可能遇到阻礙。

有個二十四歲的年輕人，他有一種奇怪的間歇性暈厥症，但在醫學檢查上並沒有什麼發現。我們問他早期的記憶，他才想起在四歲的時候，有一次聽見巨大的機器響聲（輪船鳴笛聲），他當時就嚇暈了過去。換句話說，他是個「聽見過」的人，所以對於聽覺有興趣。我們也不用再描述這個年輕人後來怎麼弄出來一個暈厥的毛病，只要注意他從小時候起對於聲音特別敏感就夠了。這個年輕人很有音樂才華，但是他不能聽一切單調煩躁的聲音或者突然發出的聲音。一聲笛聲使他受到那麼大的影響，其實一點也不奇怪。常常有些孩子或成年人，因為曾經在某方面遇到困難，所以對於那種事情分外注意。大家想必還記得前面有一章裡面所講到的一個喘氣的男人。他因為小時候有種問題，把胸口綁得很緊，結果就總是過分關注自己的呼吸問題。

有些人的全部興趣好像完全放在吃的上面，他們對於小時候的回憶基本上都跟吃有關係。在他們看起來，全世界最重要的事情莫過於如何吃，吃什麼，不吃什麼。當我們實際瞭解後就會發現，這類人之所以特別注意吃，那是因為他們小時候在吃的方面得不到滿足。

我們現在要說一個與動作行走有關係的回憶。有許多孩子因為童年時身體脆弱，或者患有肢體疾病，行動很笨拙，因此後來對於動作產生一種變態的興趣，總是想表現自己的行動能力。下面我們要說的這個案例就是如此。一個五十歲的男人，跑到醫生那裡說，他有一種心理障礙：每次跟人一起過街，他心裡就會不自覺地緊張起來，生怕兩個人會被別人絆倒。但是如果是一個人過街，他就沒有這種恐懼了。每次一個人從街道上走過的時候都很鎮靜，一旦跟別人一起走，他就總想著要去拯救他的同伴。他緊緊抓著同伴的胳臂，緊張地盯著過往的行人或車輛，一會兒把同伴推到東，一會兒把同伴推到西，同行者都快被他煩死了。這個案例比較有趣，但是也並不是很罕見。讓我們把他這樣做的原因分析一下吧。

在問起他的個人早期記憶時，他說自己是走路比較晚的那種孩子，直到三歲的時候動作還很笨拙，而且因為缺鈣還有點軟骨病。在過街的時候，經常會被人絆倒。這個早期回憶就能解釋，為什麼他跟同伴過街時總表現得那樣怪異：他曾經因為總是摔倒而自卑，現在的他迫不及待地想向別人證明自己已經克服了這種弱點。他想要尋找一種優越感，證明自己是個唯一能夠安全過街的人。他只要有了同伴，就要找機會拚命展示他的本領。其實，安全地走過一條街，在大多數人看來都是一件很正常的事，沒什麼可驕傲的，他們也不會以此和別人去競爭。可是在我們的求助者這類人看來，他們就很喜歡用一些特別的動作，去表現自己有靈敏的行動能力。

我們現在又要講到另外一個案例了——一個徘徊在犯罪邊緣的男孩。這個孩子越來越墮落，他之前偷東西、翹課，屢教不改，把他的父母弄得心灰意冷。我們問起他的早期記憶時，他說自己想起小時候和同伴一起繞圈跑，他總是跑在前面。而他現在是和父親一起在工廠裡打工，整天的工作就是坐著操作機器。從他的情況看來，如果叫他當個業務員，或者是某個到處跑的工作，他的情況一定會好轉。

還有種最重要的個人早期記憶，是兒童時期的死亡記憶。孩子無法真正理解死亡的意義，當孩子看見一個人突然死了的時候，心理會受到很大的衝擊。有時候這種衝擊甚至可以讓他們變得病態，當然很多孩子還是一切如常，但是他們在之後卻會特別注意關於死亡的問題。有些孩子後來會對醫藥感興趣，變成醫生或者化學家。這種目標自然是有用的。他們不只自己反抗死亡，而且還努力幫助別人對抗疾病和死亡。但是有時候他們的原型也會受此影響，變得自私自利起來。

有一個孩子，他的姐姐死了，這為他帶來了很大的心理衝擊。別人問他未來想做什麼，大家以為他會說想做醫生，沒想到他說「想做殯葬業」。問他為什麼想做這種奇怪的職業，他說：「因為我只想埋葬別人，不想被別人埋葬。」這種目標就是無用的，因為這讓孩子只注意自己一個人。

再讓我們看看被溺愛慣了的孩子的個人早期記憶吧，從他們的早期記憶裡，我們可以把他們的特性看得清清楚楚。有個孩子常常提到自己的母親，提到自己的母親也許是件自然的事，但是可以表示他需要一個充滿安全感的環境。有時候一些人的早期記憶看上去似乎沒什麼問題，可是分析之後，我們會發現還是能找到其原型的蛛絲馬跡。比如，一個男人告訴心理醫生：「我記得這樣一個場景。當時我正坐在房間裡，我媽媽站在壁櫥旁邊。」這個場景看起來好像沒有關係，但是我們應該注意一點，他會提到他的母親就表示他對於母親是非常依賴的。有時候母親的存在被掩藏起來了，就需要我們花點時間好好研究一下，這樣才能把母親找出來。比如一個來訪者告訴心理醫生：「我記得小時候出去旅行的事。」假如你問他誰跟他一起旅行的，你就可以發現是他的母親。假如有些孩子告訴你：「我記得有個夏天我在鄉村的某個地方玩耍。」我們就可以猜想他的父母當時可能正兩地分居，父親在城裡工作，母親帶著孩子在鄉村生活。我們可以問他：「誰和你在一起？」結果我們發現事情果然如此。這樣的追問就可以幫助我們發現母親的潛勢力。

從這種種回憶研究起來，我們就可以知道裡面有種追求優越感、希望自己比別人更佔優勢的努力。我們由此可以知道，一個孩子在個人成長中，怎樣看重他母親所給予的溺愛。這件事情對於心理分析也是很有幫助的，如果有孩子或者成年人向我們講述這樣的回憶，我們就可以斷定：這類人是缺少安全感的，他們害怕別人強過自己，比自己更受人喜愛。他們始終緊繃著神經，甚至情況一天比一天嚴重；他們始終把注意力集中在這類事情上，腦子裡總是轉著別人會超越自己的念頭。這件事也告訴了我們，這類人當他們居於下風時是會善妒的。

有時候，有人會把某一件事情看得比別的事情都重要。比如一個孩子說：「以前有一天，媽媽要我照顧我的妹妹，儘管我不高興，但是我還是想照顧好她。我把她放到桌子上面，可是桌布把她絆住了，於是我的妹妹便摔倒了。」要知道，說話的這個孩子自己也只有四歲。顯然，讓一個年紀大點的孩子去照顧一個年紀小點的孩子，有時候是不合理的，比如這個案例中的孩子年齡就太小了。我們可以想像，那個盡力保護她妹妹的小孩子是多麼可憐。後來這個女孩長大了，嫁了一個性格老實的——我們差不多可以說是溫馴的——丈夫。丈夫對她很好，但是她還是控制不了自己的嫉妒，她喜歡批評和貶低別人，總怕丈夫愛上別人。這一點讓她的丈夫無法忍受，對她越來越厭倦，接下來丈夫乾脆就把注意力都轉移到培養孩子身上去了，對妻子的感情越來越冷漠。會出現這種情況應該不難理解。

有時候這類人的不安還要更嚴重。有些人來諮詢時告訴我：他們確實記得自己小時候認真想過，想要傷害家裡的人，要把家裡的人都殺了。這類人是完全只注意自己的，他們不愛別人，對社會也無法產生興趣，事實上，他們對別人差不多充滿了仇恨的心理。而這種感覺是在他們原型形成時就已經存在了的。

此外還有一種人，因為怕別人把自己的朋友搶走，或者總是覺得別人在跟自己競爭，並且最後會超過自己，於是無論做什麼事都不能有始有終。這類人永遠不能真正地融入社會、變成社會的一員，因為他腦子裡始終轉著這樣的念頭——怕別人超過他，怕別人搶走了他的優勢。無論在職場還是生活中，他們的神經總是繃得緊緊的，尤其是在戀愛與結婚方面，很多人都有這種態度。

對於上面所說的這些人，即使我們不能把他們完全治好，但是掌握了這套個人的早期記憶分析法後，我們是可以使他們有進步的。

我們所診治的諮詢者中，有一個是我們在另外一章裡面講過的男孩，他有一天和他的母親、弟弟一起去市場，後來下雨了，母親把他抱在懷裡，可是一看見他的弟弟，便把他放下而抱起了他的弟弟。他從此以後就覺得他的弟弟比他更得寵愛了。

我們說過，假如我們能夠得到這類個人的早期記憶，我們就可以預測和分析日後的生活狀況。但是有一點要特別注意，個人的早期記憶並不能直接決定日後的行為，它只是起一種暗示作用。早期記憶向我們表明了過去曾經發生過什麼事情，這件事是怎樣發生的；早期記憶指出了向著某個目標的行動，和我們應該掃除的障礙；早期記憶指明了一個人怎樣變得對人生某個方面特別有興趣。我們知道，一個人在性的方面也許存在心理創傷（trauma），那就是說，他對於性的事情比別的事情更有興趣。假如我們問別人要個人的早期記憶，結果聽到一些性的經驗，這是完全有可能的。有些人從小對於性的事情就比對別的事情的興趣濃厚，注意性的事情，其實很正常，它是人類日常行為的組成部分，但是我之前已經說過，對於性的興趣是有許多種類、許多等級的。我們常常會看到，一個人向我們說到早期性的回憶，他後來又過分放縱自己。結果，他的生活很不順暢，因為他的生活失衡了。有些人一定要把一切事情都加入性的背景；有些人又把胃看作是人類最重要的器官——我們不得不說，在這些人身上個人的早期記憶與日後的特性相一致的說法應該也是正確的。

有一個淘氣的男孩，他能升入中學真是一件出人意料的事。因為他太好動了，從來不肯安靜讀書。他學習的時候從來不專心，一有機會就進出咖啡館或者找朋友玩。所以，我們如果去研究一下他的個人早期記憶會是有趣的。他說：「我記得躺在搖籃裡，眼睛看著牆上。我看見牆上貼著花花綠綠的畫，上面畫著花和各種東西。」看到了嗎？這個人是只能躺在搖籃裡，不能專注地學習以及參加考試的。他不能夠集中注意力去讀書，因為他總是把注意力放在外界，放在那些「花花綠綠」的東西上，用這樣的心態去學習是不行的。我們由此可以知道，這個人是個被人溺愛慣了的孩子，無法真正自立，也無法獨立去做事。

我們現在要討論被人討厭或者說憎惡的孩子了。生活中，這種孩子並不多見，他們都是一些比較極端的例子。因為假如一個孩子生下來就被人憎惡，那麼他可能根本就活不下去。一般來說，孩子通常會得到父母、長輩或者保姆給他們的愛，滿足他們被撫愛的心理需求。被人憎惡的孩子有可能是私生子、犯罪者的孩子和父母不願生而生下來的孩子，這些孩子的精神通常是憂鬱的。從他們的回憶中，我們很容易就能找出這種被人憎惡的感覺。比如有個男人說：「我記得我挨了一記耳光——我母親罵我，打我，後來我就跑了。」因為離家出走，他遭遇到意外差點被淹死。

這個人後來跑到一個心理學家那裡做諮詢，因為他總是過分戀家，不願意出門。我們從他的個人早期記憶來看，知道他有一次跑出去，差點遇到危險死掉。這件事情始終在他的腦海裡揮之不去，所以每次要外出，他總是提心吊膽，怕遇上什麼危險。他的頭腦很靈光，但是他總怕考試取不了第一，因此學習的時候，他總是不自信。最後他進了大學，又覺得身邊有很多聰明人，總怕自己競爭不過人家。當我們知道了他的早期回憶後就能明白，這種種心理障礙都是可以回溯到他關於危險的回憶的。

還有一個例子，可以幫我們更完整地說明我們的論點。有一個孤兒，他一歲的時候便父母雙亡，這個孩子被送到了孤兒院裡，他有軟骨病，但是因為住在孤兒院，沒有得到適當的照顧。事實上，在孤兒院裡他幾乎沒有得到什麼人的關注和照顧，因此他後來便很難和別人交朋友。我們看看他的回憶，就知道他總覺得別人比他更得別人的喜愛。這種感覺在他的個人發展上是有重要關係的。他常常覺得別人討厭他，他因為有了這種感覺，所以很難解決身邊的問題、人生的問題。因為有了自卑心理，導致他無法融入和解決一切人生大事，比如戀愛、結婚、交友、經商等，這些都是要和別人發生接觸的，他便都不能融入。

另外還有一個有趣的例子。一個中年的男人，總是失眠。他可能有四十六歲或四十八歲了，結了婚也生了兒女，但他的生活並不幸福。因為他太愛抱怨和指責別人了，他整天想壓制別人，讓別人覺得自己什麼事情都做不好。老實說他的行為真是讓跟他接觸的人都難受，尤其是他的家人。

當我們問到他的個人早期記憶時，他說他的父母都脾氣暴躁，整天不是吵架就是打架，還經常威脅、恐嚇對方，弄得他每天都戰戰兢兢，生怕惹父母生氣。在學校裡他過得也並不好，身上總是髒兮兮的，誰也不願意理他。有一天他的老師請了病假，學校找了人代課。那個代課的女老師是一個對工作和教育很感興趣的人，她認為教育是一件良好、高貴的工作。這位女老師還很熱心，她很同情這個沒人理會和照顧的孩子，於是跑去鼓勵、安慰他。

男孩有生以來第一次得到這種待遇。這種激勵的作用是巨大的，從此以後，他便有進步了，但是他的進步總是要靠人推著。他並不真正相信憑藉自己就可以得到成功，因此，成年後他便沒日沒夜的工作。但是這樣一來，他慢慢養成了一種習慣，每天一定要工作到半夜，否則根本睡不著，腦子裡反覆想著要做的事。結果他就以為自己必須熬夜工作，做事才能做出成績。

後來我們看到，他把優越感的欲望，表現在對家庭的態度和對別人的行為上。他的家庭要依靠他的供養，於是他在家人面前可以做出一個主宰者的樣子。他的妻子和子女便只能忍受他不停的指責，日子過得很痛苦。

整體來分析一下這個人，我們可以說他有一個優越感目標，這個目標後面有著嚴重的自卑心理。我們知道很多把生活過得緊張不安的人都是如此，他們的緊張狀態就是他們懷疑自己不能成功的表現，這種懷疑又被一種優越感所遮住了，而那種優越感其實又是一種虛張聲勢的姿態。只要研究一下他們的個人早期記憶，這一點就不難弄明白。

第六章

外在行為表現與態度

我們在上章所講的，是早期記憶和幻想中隱藏著個人潛在的生活風格。研究個人的早期記憶只是研究人格的眾多方法之一，其中許多方法都是利用細節去解釋整體。除了個人的早期記憶以外，我們還可以觀察一個人的外在行為表現（動作等）和態度。必須說明的是，外在行為表現，或者說動作，就隱藏在我們的各種態度裡面，也是態度的一部分，而各種態度的匯合也就構成了我們整個的生活風格。

首先說一下身體的動作吧。我們可以根據站立、行走、動作、語言種種表現去評判一個人——這是人人都知道的。儘管我們可能並非有意識地去評判一個人，但是這些身體語言確實會讓我們產生某些印象，並因此對他生出同情或嫌惡的感覺。

比如我們可以想想站立的情形。我們看見一個孩子或成年人，立刻就會注意他站立的時候是身姿筆挺還是駝著背的，並對對方形成一個直觀的印象。而在這種觀察中，我們通常會特別注意一些過分做作的情形。比如一個人如果站得太筆直了，好像刻意直著身子一樣表現僵硬，我們就可以說他過分強調自己的這個姿勢。而他為什麼這麼做呢？我們猜這個人可能是故意裝出一副了不起的樣子，實際上他內心深處並不覺得自己有什麼了不起的。這個小細節讓我們知道，他想努力表現自己的優越感——他試圖證明自己的勇氣，他想假裝自己並不緊張。

同樣，我們也經常看見有人總是駝著背，形體不舒展。在某種情況下，這種姿勢或許是在表示他們性格懦弱。但是藝術界和科學界都有這樣的規則，讓我們在做判斷的時候多找尋證據，不要隨意下斷語。即使有時候我們覺得已經有把握了，但還是要用別的證據來證明我們的判斷。我們會問：「我們以為凡是駝背的人都天性懦弱，這種說法可靠嗎？我們看到他們怎樣應對困難了嗎？」

再觀察一下，就可以看出有一部分人不但駝著背，而且總是想倚靠著一些東西，比如靠著桌椅之類的。他們好像無法靠著自身的力量站直，總要得到外力的扶助。這種情形所表示的心理態度和站立的時候身體彎曲駝背是一樣的，如果我們看見一個人同時存在這兩種情形，那我們的判斷應該就沒有太大問題了。

我們又可以知道，總是要人扶助的孩子，他們的姿勢和自立的孩子的姿勢不一樣。我們從一個孩子的站立姿勢，接近別人的態度，就可以知道他的自立程度。在這種情形之下，我們用不著懷疑，因為我們有許多機會可以證實我們的結論。一旦我們的結論證實了，我們就可想辦法去幫助孩子，把孩子引入正確的人生軌道。

這種需人扶助的孩子，我們可以幫他進行一個小測試。他母親坐到椅子上，然後放他到房裡來。我們就可以看到，他絕不看別人，只一直向母親走去，靠在椅子上，或者靠著母親身上。這就證實了我們的預料——他要別人扶助。

注意孩子走近別人的態度也是有趣的，因為由此可以看出他的社會興趣和適應社會的程度來。這可以表示孩子對於別人的自信力。一個不想接近別人，只遠遠地站著的孩子，他在別的事情上面也是緘默謹慎的，他在人多的場合尤其不愛說話。

我們可以知道，這種種情形都是朝著一個方向的，因為每個人都是一個整體，對於人生問題都是以一個整體去反映的。我們可以再講一個求醫女人的案例，以作說明。諮詢時，醫生以為她會坐到自己身旁，可是當他給她一把椅子的時候，她卻到處張望，最後跟醫生拉開一段距離坐了下來。我們得出的結論就是她只願意和一個人發生關係。她說她結了婚，從這一點看起來，她的婚姻生活我們也可以想像出來。也許她只願和自己的丈夫發生關係；也許她想得到別人的憐愛，希望自己的丈夫能下班按時回家；她沒有人陪著就非常焦慮，她從不想隻身外出，不願意和別人來往。總而言之，我們研究她的一個身體動作，就可以大致瞭解她的整個性格。除此之外，我們個體心理學還有其他方法可以分析一個人的個性。

一個人也許告訴你「我這個人總是愛焦躁」，如果我們不知道焦躁可以成為支配別人的辦法，那麼就很難弄懂這句話的真正意思。假如一個孩子或成年人有情緒焦躁的問題，我們就可以猜想這個孩子或成年人身後，有一個總是能給他收拾善後的人。

有一次有一對夫婦來做諮詢，他們說自己是很開放的，是自由主義者。這類人相信結婚以後雙方可以保持自由，只要彼此開誠佈公就行了。結果呢，丈夫婚後又有了一個情人，他把兩人的戀愛經過都一一講給妻子聽。妻子表現得也很灑脫，也好像完全不在乎的樣子。但是沒過多久她就有了情緒焦躁的問題，她不肯隻身出外，她的丈夫不得不每天陪著她。我們由此可以知道，她的自由思想已經被焦慮或者「恐懼」（phobia）所修正了。

有些人在聚會時常常喜歡站在牆邊，身體靠著牆。這就表示他們的勇氣不夠，自立的能力不強。讓我們把這種猶豫畏縮的人的原型分析一下吧。有一個男孩，一到學校裡便很害羞。家長們請注意，孩子害羞其實是一個值得注意的信號，這表示他們不願意和別人發生關係。這個孩子就是這樣，他沒有朋友，一到學校就如坐針氈，盼著趕快放學。他的動作總是非常遲緩，下樓梯的時候眼睛盯著下方，手扶著牆，出了校門立刻往家裡跑。我們必須說，他在學校裡面不是一個好學生，因為他很討厭學校、一刻也不想留在學校，他的成績當然也好不了。他每時每刻都想著趕快回家，回到母親身邊去。順帶說一句，他母親是個寡婦，對他非常溺愛。

醫生為了多瞭解他一點，便跑去和他的母親談話。醫生問她：「睡覺的時候，這孩子不鬧嗎？」她說：「不鬧的。」「他晚上哭嗎？」「不。」「他晚上尿床嗎？」「不。」醫生有點詫異，不是自己錯了就是那個孩子錯了。後來他想，那個孩子一定不是自己睡一個房間的。他的結論是怎樣得來的呢？因為晚上哭鬧是需要母親注意的表示。假如孩子睡在母親床上，他就可以不必費這個力氣了。同樣，晚上尿床也是需要母親注意的表示。後來醫生的結論證實了，這個已經上學了的孩子果然還是跟母親睡一張床。

假如我們仔細分析，我們就可以知道，心理學家所注意的一切小事情都是整個生活風格的一部分。由此我們便可以看出一個人的目標——在這裡，那個男孩的目標是要每時每刻跟母親在一起——此外我們還可以斷定許多事情。我們可以用這個方法斷定一個孩子是不是有智力障礙，因為有智力障礙的孩子是沒法想出這麼一個聰敏的生活計畫的。

現在讓我們看看人身上可以看出來的心理態度吧：有些人多少有些好勇鬥狠；有些人卻想放棄一切，但是我們從來沒有看見有人真的放棄一切的，放棄一切是不可能的，因為不合人類的天性。正常人絕不能夠放棄一切。假如他做出放棄的樣子，實際上與其說他是放棄，不如說他是努力。

有一種孩子常常想放棄努力。這種孩子是全家注意的中心。每個人都要照顧他們，敦促他們。他們的生活必須得別人去扶助，他們常給別人帶來負擔。這就是他們的優越感目標——他們用這種方法去發洩自己支配別人的欲望。我們已經說過，這種優越感目標是自卑情結的結果。假如他們不懷疑自己的力量，他們就不會採用這種不費力氣的辦法去達到成功的目標。

有一個十七歲男孩的經歷就可以證明我們上面的說法。他是全家最大的孩子。我們已經知道，當第二個孩子生下來，搶去了第一個孩子的家庭愛護中心地位時，第一個孩子經常會感到痛苦。這個男孩就是這樣的。他很憂鬱，性格乖戾，整天無所事事，有一天他甚至鬧著要自殺。過了不久，他跑到一個醫生那裡，說他在自殺以前做了一個夢。他夢見用槍把自己的父親打死了。我們知道，這種憂鬱的、懶惰的、只說不做的人，心裡卻時時刻刻想要行動。我們也知道，凡是這種在學校裡很懶怠的孩子，凡是這種什麼事都懶得去做的成年人，都是可以做出危險事情的。他們的懶怠常常只是表面的情形。於是發生事情了，比如自殺或者傷人，再比如精神病或者癲狂症。要去判斷這類人的心理態度，即使對於心理學家來說也是一項困難的工作！

孩子害羞也是一件需要重視的事情。應該給一個害羞的孩子以耐心的疏導，幫助他消除害羞的態度，否則便會害了他的一生。如果他不消除害羞的態度，很可能一生一事無成，而且還會遇到很多困難和障礙，因為在我們這種文化之下，只有勇敢的人才能得到好結果，才能在生活上佔便宜。假如一個人是勇敢的，他失敗了也不會很傷心，但是害羞的人只要看見前面有困難，他就逃到無用的生活方面去了。這種孩子後來可能變成精神官能症病人或癲狂者。我們知道，這種孩子到什麼地方都是一幅自卑的樣子，跟人說話便結巴或詞不達意，有時候說不出話來，甚至於根本故意避開跟人的見面。

我們以上所描寫的特性都是基於心理的態度。心理態度不是天生的，不是遺傳得來的，只是對於一種情境的反應。某一種特性就是見了某個問題的時候自己的生活風格所給出的答案。自然，這種答案並不一定是合乎邏輯的答案，而是我們在兒童時期所得到的經驗、所犯的錯誤讓我們做出的答案。

關於心理態度的功用和心理態度的起源，我們可以從孩子和變態的人身上去觀察，那種觀察的結果比從正常的成年人所觀察的更清楚一些。我們知道，原型時代的生活風格比後來的生活風格明顯得多。事實上，我們可以把原型的功用比作一個青澀的果子，一切肥料、水分、空氣，都被它吸收，為成熟提供營養。原型與生活風格就好像沒成熟的水果與成熟了的水果一樣。人類在水果沒有成熟的時期，更容易分析和研究，而研究的結果，到了水果成熟的時期大部分還是適用的。

比如我們知道，一個生下來就懦弱的孩子，他在人生的各個方面都表現得很懦弱。這個世界是一個物以類聚的世界，懦弱的孩子和進取的、好鬥的孩子是無法在一起正常相處的。好鬥的孩子多少總還有一點勇氣，那點勇氣就是常識的自然結果。但是有時候一個懦弱的孩子在某種情境之下，也可以表現得像個英雄一樣，一般來說，懦弱的孩子有意贏得別人注意的時候就有這種情形。

有一個最明顯的例子，一個從來不會游泳的男孩，有一天別的孩子叫他去游泳，他居然就去了。他這種勇氣自然不是真正的勇氣，他之所以敢於冒險，目的只在使別人佩服他。他不顧危險，而希望別人去救他。

勇氣與畏縮的問題，在心理上和宿命的信仰有密切的關係。信仰宿命可以影響我們做有用的行動的能力。有些人有種很強的心理優越感，他們覺得自己什麼都能做。他們知道所有事情，但是一件事情也不想學。這種想法的結果，我們是都知道的。有這種思想的孩子，在學校裡面所得的分數照例不好。還有一些人常常想做最危險的事情，因為他們覺得自己不會遭遇什麼危險、不會失敗。而其結果呢，總是不好的。

一般來說，遭遇過危險而自己沒有受傷害的人總是相信宿命的。比如他們遇過一件極其危險的意外而自己沒有死，結果他們就覺得自己是註定要做大事業的。有一次有一個男人具有這種感覺，但是做過一件不如意的事情之後，他失去了勇氣而變得憂鬱，因為他最重要的靠山已經靠不住了。

問他對於個人的早期記憶，他就說了一個極有意義的經驗。他說他有一次打算到維也納的一家戲院去，但是先要做件別的事情。後來等他走到那家戲院時，戲院早已燒了，什麼都毀了，但是他卻無恙。這樣一個人覺得自己註定要做大事業，你是很容易懂得他的原因的。後來一切都好，直到他敗在他妻子的手下之後，他就完了。

關於宿命論的意義我們有很多可以說的。宿命論可以影響整個民族，影響整個文明，影響個人，但是在本書中，我們只想指明它和心理活動、生活風格的關係。從許多方面看起來，信仰宿命就是一種懦弱的逃避，不在有用的方面去努力、去奮鬥。所以對於宿命的信仰只是一種虛妄的安慰，是不能真正給人幫助的。

有一個基本的心理態度可以影響我們與別人的關係，就是嫉妒。嫉妒就是自卑的表示。的確，我們人人都有相當的嫉妒心。小小的嫉妒心並沒有害處，而且也是很普通的。但是嫉妒應該有用，嫉妒應該使我們工作、前進、解決問題，如果這樣，嫉妒便不是沒有用處。所以我們雖然人人都有一點點嫉妒心，仍是可以被原諒的。

反之，嫉恨就是一個困難得多、危險得多的心理態度，因為嫉恨沒有用處。有嫉恨心的人，絕沒有絲毫好處，並且嫉恨心是一種重大的自卑心理的結果。一個有嫉恨心的人怕自己能力不足，不能保住自己的伴侶，所以他每逢想要影響他的伴侶時，就用嫉恨去掩飾自己的弱點。假如我們看看這類人的原型，我們就可以知道他們有一種被人剝削的感覺。事實上我們每逢遇到有嫉恨心的人，最好就去回溯他們的過去，看他們是不是因為以前自己的優越地位被別人占去了，現在怕自己的優越地位再被別人占去。

我們把嫉妒與嫉恨的一般問題討論過了之後，現在可以看看一種特殊的嫉妒——女性對於男性在社會上的優越地位的嫉妒。生活中，很多女性都希望自己是個男人。這種態度沒什麼好奇怪的，因為客觀地說，在現在的文化之中，男性要比女性生活得更輕鬆一些——男性更受重視，社會地位更高，更容易受到尊敬。當然，從社會道德上說來這是不對的，應該改變這種情況，提升女性的地位。我們回到原來的話題。一些女性就常常會說，男人在家裡什麼麻煩的事兒都不用管，一概甩手丟給女人，自己過得輕鬆快活；她們也知道男人在其他很多方面都比較自由。這樣一來，她們對於自己的女性身份就更不滿意了。於是一些女性就努力使自己男性化，她們透過各式各樣的方法模仿男性。比如和男人穿一樣的衣服——而她們的父母有時候也贊成，因為男孩的衣服寬鬆、簡潔，的確舒服些。她們這種種行動，有些是正面的用不著阻止，但是有些卻是負面的：比如一個女孩給自己另外取了一個男性化的名字，並且堅持要別人喊她的男孩名字，這種情況就不太好了。這種女孩更喜歡自己的男孩名字，如果別人喊了她們原來的名字，她們就會生起氣來。如果這種態度的背後，不是因為純粹感覺好玩，那就不太妙了。因為這意味著她們開始敵視自己的女性屬性，這樣一來，她們成年後便不願意做女性，不願意結婚，也不願意盡女性的職責。

女人穿男式的衣服是沒有什麼不對的，因為穿男式衣服的確比較方便。女人有許多地方想學男人，想和男人從事一樣的職業，那都是可以的。但是她們如果不願盡女人的職責，而想模仿男人的一些錯誤行為模式那便糟糕了。這種危險的趨勢在青春期出現，因為到了青春期一個人的原型就中了毒。女孩沒有成熟的心就嫉妒男人的特權。她們模仿男孩，這就是一種優越感——是逃避正確的發展。我們已經說過，這種態度可能使得她們抗拒戀愛和結婚。我們並不是說這種女孩完全不去結婚，因為在我們現在的文化之下，不結婚就代表著人生失敗，哪怕不願意結婚的女人也要結婚的。

一個信仰兩性關係應該根據平等原則的人，對於女人的這種「男性反抗」不應該給以鼓勵。兩性的平等應該合乎自然的法則，男性反抗只是對於現實的盲目革命，所以是一種優越感。事實上男性反抗可以使得一切性的功用都被攪擾，都受影響，許多嚴重的病症都可能發生。假如我們看看它們的起源，我們就可以知道它們都是在兒童時期就已經埋下了伏筆的。

我們也見過一種想做女人的男孩，不過這種情形沒有女孩想做男人的那麼多。這種男人所模仿的不是平常的女孩，他喜歡模仿那種很有風情的女人——他們化妝，學著輕浮女人的態度。這也是一種優越感。事實上，我們知道這種男孩多半是在一個以女人為首領的環境裡面長大的，所以他長大了只學母親，不學父親。

有一個男孩，因為一些性的問題跑來諮詢。他說他總是和母親在一起，他父親在家裡存在感很低，看來好像沒有那麼一個人似的。他母親在結婚以前是個裁縫，結婚以後還是會做些針線工貼補家用。這個孩子因為常在她的身旁，對於她所做的事情也產生了興趣。他開始縫紉，在紙上描畫女人的服裝。因為母親每天總是早上四點鐘出去，晚上五點鐘回家，所以他只有四歲就能夠看懂時間了，從這一點上，我們就能看出他對自己母親的過分關注——他看見母親回家就很高興，所以在很小的時候就學會了看時鐘。

後來他進了學校，一舉一動和女孩一樣。他不參加男孩的遊戲，別的男孩因此嘲笑他，跟他開玩笑，極端的情況下，甚至親他的嘴。有一天他們要演一齣戲劇，就像我們所想的那樣，他被安排扮演一個女性角色。可是他演得非常好，以至於許多觀眾都以為他真是一個女人。觀眾裡面有一個人居然還愛上了他。這樣一來，他就覺得自己是個男人雖得不到別人的賞識，裝扮成女人卻能被人喜愛欣賞——這就是他後來性向改變的起源。

—第七章—

夢及其解釋

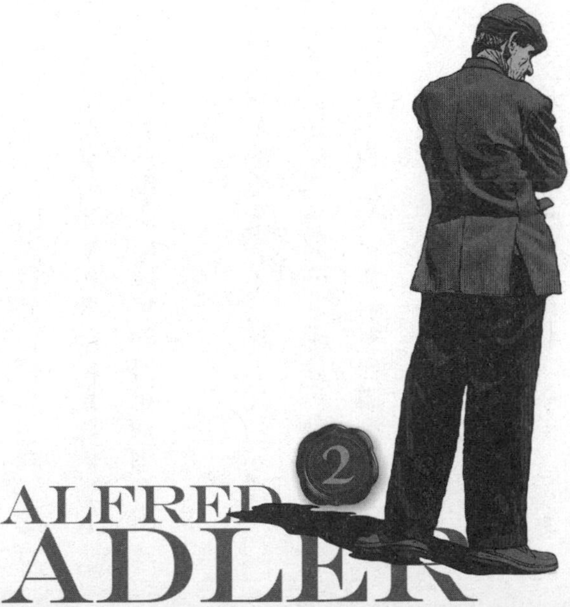

在個體心理學看來，意識和無意識一體兩面，這是我們在前文已經說過多次的論點。在上面兩章，我們已經就整個個人，把意識方面的回憶、態度和動作解釋過了。我們現在要用同樣的方法去解釋我們的無意識或半意識的生活——那就是我們的夢。我們在夢裡的生活和清醒時的生活一樣，都是我們整個生活的有機組成部分，所以我們能夠採用同樣的方法去解釋夢。其他學派的心理學家總是試圖用一些新奇的觀點來解釋夢，但是我們對於夢的看法卻不一樣，我們認為它和個人在日常言行中與精神活動中所表現的特質都指向同一個方向。

我們已經知道，在清醒時我們的生活是受著優越感目標的支配的；同樣，我們夢裡的生活也是受著優越感目標的支配的。各種光怪陸離的夢都是生活風格的一部分，都滲入了兒童時期的原型的因素。事實上除非你已徹底弄清楚了某人的原型與某個夢的關係，否則你就無法真正理解那個夢。如果你跟某個人關係密切，對他的一切都瞭若指掌，那麼他的夢的意義你也差不多可以猜得出來。比如大多數人類都是存有恐懼心理的，害怕一些未知的事物，從這個基本事實看來，我們就可以預言人類大多數的夢都是關於恐懼的、危險的、焦慮的。假如我們看見一個人，他的目標是逃避一些人生必然要解決的問題，那麼，我們便可以猜想他一定常常做著從高處墜落的夢。這種夢就好像是一個嚴厲的警告，說：「別再嘗試了，你註定會失敗的。」他用做夢從高處墜落的方式，去表達自己現實中對於奮鬥的看法。生活中，我們很多人都做過這種夢。

有一個特殊的例子。有個學生即將參加一場對他來說很重要的考試，而在生活中這個學生性格非常懦弱，所以我們就可以想像他的臨考狀態了。他每天焦慮不已，精神潰散，最後，他想「一定是留給自己的準備時間太短了」，他希望考試能延期。他每天晚上都睡不好，經常夢見自己從高處跌落，跌落的夢正好可以表現他的生活風格。因為他要達到他的目標，他便不能不做這樣的夢。

另外一個學生，這個學生與上面說的正好相反，他學業成績很好，生活中性格開朗、精力十足，有一種天不怕地不怕的勇氣。他所做的夢，我們也可以猜得出來。在考試以前，他會夢見自己爬上一座高山，從山頂上看去，風景秀美壯麗，夢做到這裡，他便醒了。這樣的夢正好表現了他的人生狀態，反映了他的成功目標。

還有一種總是為自己設限的人，他們的前進只能進行到某一點。這類人所做的夢往往是關於自己的這種缺憾的，他夢見被人追逐、抓捕，怎麼跑也跑不掉——他的夢經常是關於逃避困難的。在說起另外一種夢之前，我們最好再多說一句——如果有人對心理學家說：「現在我沒辦法告訴你我之前做了什麼夢，因為都不記得了。但是我可以編幾個夢給你聽。」對於這樣的答覆，心理學家是不會感到失望的。因為心理學家知道，他的編造或幻想都不能超出生活風格的限制。他故意編造出來的夢和他真從記憶中回憶出來的夢一樣能反映問題，因為他的想像和幻想也是他生活風格的表現。

幻想並不一定要完全模仿一個人的實際動作，才能表現他的生活風格。比如有一種人，我們可以叫他們白日夢想家，因為他們主要生活在夢和幻想中，而不是現實中。他們在現實生活中表現的很糟糕、很懦弱，但是一到幻想中便勇氣十足了。我們可以在他們身上看到一些細節表現，這些表現顯示他們做事總是有始無終。這種表現，甚至在他們做著勇敢的夢的時候也是很明顯的。

夢的目的，其實就是在為提升個人的優越感目標鋪路。一個人的一切特徵、行為和所做的夢，都像是一種預演，使他能夠達到這種優勢的目標，至於目標是想引起別人注意，或是想要支配別人，或是想要逃避人生問題，從本質來說都沒有什麼太大區別。

夢的目的表現得既無邏輯又不真實。我們之所以做夢，目的是在製造某種情感、心境，或者情緒，所以要想把夢裡那些含糊荒謬的細節解釋清楚，那是絕對不可能的事。不過在這一點上，夢與清醒時的行動所不同的也只是程度的差異，並非種類的不同。我們已經知道，個人對於人生問題的解決方法，是與每個個體的人生計畫有關係的。儘管為了社會交往的需要，我們希望他們的解決方法能夠多多合乎邏輯構架，但是事實並不如此。一旦我們對於醒時的生活，不再抱持一種絕對性的觀點，夢就沒有什麼神秘的了。在我們清醒時，生活中的事實與情緒是相對的、是相互混雜的，夢不過是這種相對和混雜的進一步表現而已。

歷史上，未開化的原始人認為夢是非常神秘的，他們總給它一種預言式的解釋。他們把夢看作未發生事實的先兆——我們要說，其實這種看法也有一半是對的。夢就像一道連通現實與個人目標的橋樑，夢裡發生的事情有很多會在未來真實發生，因為做夢的人在做夢的時候會預先演習他的角色，為真實的發生做準備。

還有另外一種看法是，做夢和醒時生活有種內在的連結，同一種事物既出現在夢中也出現在現實裡。如果一個人敏銳而又聰明，他無論分析自己的醒時生活或夢裡生活，都可以預先看到未來的事。他所要做的就是進行種種判斷。比如有人做夢，夢見一個熟悉的朋友死了，那個朋友沒過多久果然死了，其實他所夢見的也不過是一個醫生，或者一個熟悉的親人所預見的那樣而已。只不過他有這種想法的時候是在夢中，而不是清醒時。

對於夢的預言式解釋，正因為有一部分合乎真實，所以使得人們更加迷信於解夢。一般來說，迷信的人對於夢的預言格外癡迷，有一些從中取利的人也是擁護這種迷信的。

我們要解除這種預言式的迷信，首先要做的就是給那些關於夢的神秘說法祛魅。我們必須得解釋一下，為什麼大多數人無法解釋自己所做的夢。其實就是在清醒的時候，能有自知之明的人也少之又少，這個世界最缺少的就是自省能力，反省自己的人生、反省自己所走的路。至於夢的分析，我們已經說過，那是一件比分析醒時行為更複雜和晦澀的工作，所以多數人不能解釋自己的夢也就沒什麼好奇怪的了——他們因為不知夢的真正意義，因而將夢隨意曲解。即使不直接比較夢境和清醒時的行為，也能掌握一點夢境的邏輯構架，只要我們把夢境和精神態度所產生的現象做個比較。我們上面提及跟犯罪者、問題兒童和精神官能症病人的談話，他們為了使得自己相信某種事實，所以製造出某些情感、情緒或者心境。比如殺人凶手為自己的行為做辯護時，就可能會說：「這個人罪大惡極，本來就該死，所以我殺了他。」他先在心裡建立一個觀點，認為那個人本來就該死，然後在這個基礎上培養起一種冷漠的情感。

有的人看見某某有條昂貴又漂亮的褲子，但是自己卻沒有。他把這件事情看得非常重要，因而生出嫉妒的心思。他的優越感的目標就在得到一條昂貴而漂亮的褲子，所以他在夢境裡面製造出一種情感，好使自己能夠達到這個目標。事實上有些著名的夢便可以表明這種情形。比如《聖經》裡面提到的約瑟的夢，就是一個例子：他夢見別人都向他低頭。我們知道這個夢和他的奇遇，以及他被兄弟放逐的事情都有著絲絲縷縷的關聯。

另外一個著名的夢是希臘詩人西莫尼德斯（Simonides，約前五五六～前四六八）所做的。那時正好有人請他到小亞細亞去講學，他正猶豫著不知道該不該去。迎接他的船一直在港口等著，但是他卻一再延期出發。他的朋友們都在勸他去，但是他沒有答應。後來他做了一個夢，夢見一個曾經在森林裡見過的死人跟他說：「因為你是一個忠誠的朋友，你曾經在森林裡面幫助過我，所以我現在特地來警告你，千萬不要到小亞細亞去。」第二天早上西莫尼德斯一醒來就堅決地說：「我決定不去了。」其實，沒做這個夢之前，他就不想去。他是先有了一個結論，然後才製造出這樣一種情感或情緒來鞏固那個結論，不過他自己並不懂得自己的夢的意義。

假如大家懂得這個道理，大家就能夠明白，一個人創造一種幻想的目的是要欺騙自己，結果常常生出一種他所需要的情感或情緒。一般人對於夢境所記得的常常就是如此。

關於西莫尼德斯所做的夢，還有一點是我們應該注意的：那就是解釋夢境的程序問題。第一，我們應該記得，夢是人的創造力的一部分。西莫尼德斯在做夢的時候，應用他的想像，選取一個死人的事情作為材料，製造了一個程序。為什麼這個詩人會選上一個死人為材料呢？這是很明顯的。因為他想到要在海中航行，心裡就有一些害怕和抵觸，所以經常會想到「死」。在他所處的那個時代，航海確實是有較大風險的，所以他才猶豫不願去。我們由此可以看出，他也許不只是怕暈船，而且還怕沉船。他先有這種關於死亡的不妙聯想，所以他的夢境便選了一個死人做材料。假如我們用這種態度去看夢，釋夢就變成一件很簡單的事了。之前曾經說過，照片、回憶和幻想的選擇，都可以指示一個人的目標與方向。它們把做夢者的傾向指示給你，我們便可以由此看出他所希望達到的目標。

我們再來看看某個已婚男人的夢。他不滿意於他的家庭生活，他有兩個兒子，但是他常為孩子的安全感到擔憂，因為他覺得自己的妻子不是一個賢妻良母，平時很少花心思照顧兒子。他常常為這些事情去提醒他的妻子，希望妻子能重視起來。有一晚他做了一個夢，夢見自己有了第三個兒子。這第三個孩子出去玩的時候走丟了，再也沒找回來。這讓他非常憤怒，他責罵妻子，認為孩子走丟都是因為妻子對孩子不夠關心。

我們由此可以看出他的傾向：他心裡有種想法，害怕失去兩個孩子中的一個，但是他的勇氣不夠，在夢境裡面不敢夢見失去他們其中一個，所以他便另外臆造了一個孩子，並且讓這個不存在的孩子走失。還有一點，就是他喜歡他的孩子，不願意他們走失了，並且他又覺得他的妻子帶著兩個孩子已經是極限了，不能照顧三個孩子，第三個孩子即便生下來也很難得到好的照顧，甚至可能會因此死去。所以，我們又看出那個夢的另一方面，那就是：「我還應該要再生一個孩子嗎？」

那個夢的實際結果是使他對妻子生出一種厭惡之情。實際上他並沒有失掉孩子，但是第二天早晨，他一起來便責罵他的妻子，態度惡劣。所以有些人常常因為頭天晚上做了一個夢，便生出了一種無名情緒，一早起來便朝身邊的人發洩。這和憂鬱症一樣，都是自己憑空臆造出一些負面的想法，比如自己會失敗，會死，一切都會完了，然後用這個想法說服自己。

我們並且知道，這個人所選的材料是自己有把握的，比如他想「我對於孩子很關心，但是我的妻子不好好照顧他們，所以弄丟了一個」。所以，他的那種喜歡去支配別人的傾向就在他的夢境裡面表現出來了。

近代關於夢的心理解釋已有二十五年的歷史了。最初佛洛伊德認為夢是兒時性欲的滿足。我們無法認同這種看法，因為假如夢是兒時性欲的滿足，那麼，什麼事情都可以用滿足來解釋。一切觀念都是這樣的，由潛意識上升到意識。所以，性欲滿足的說法是不能夠解釋一些特殊事情的。後來佛洛伊德主張夢裡還有一個死的欲望。但是我們最後案例中的這個夢是無法用這種方法解釋得圓滿的，因為我們不能說做父親的人希望兒子死掉。

實際上，我們無法解釋所有的夢，只有一種常規的假設，那是我們在談到心理生活的統一性和夢境的感情特徵的時候已經討論過了的。這種感情特徵和與它相伴而來的自我欺騙有著多種變體，比喻裡面便有這種因素。用比喻是欺騙自己和欺騙別人的最好方法，因為我們可以相信：假如有人用隱喻的時候，他是不相信自己可以用事實和邏輯來說服你的，於是只好選擇用無用的、牽強附會的隱喻來影響你。

詩人也會寫一些富有欺騙性的文字，不過這並不是什麼錯誤，他們的「欺騙」讓你獲得了愉悅。我們可以相信，他們那些欺騙性的比喻是在使我們受他們的影響，比普通的文字更有感染力、更能影響我們。假如荷馬在講到希臘軍隊像雄獅一樣衝過原野的時候，我們的思想足夠嚴謹的話，那個比喻是無法說服我們的。但是如果我們有一種詩意的心境，那個比喻就可以讓我們興奮起來了。作者使我們相信他有非常奇異的力量，假如他僅僅去描寫士兵所穿的衣服和士兵所帶著的武器，他就無法達到這個目的了。

人們試圖向別人解釋一些困難的事情的時候，也有同樣的傾向。假如他知道不能說得你心服口服，他便會用比喻。我們已經說過，這種比喻的本質就是自我欺騙，在夢境裡面選擇景象、想像的時候，它便表現得非常誇張。這是偏於藝術的一種自我麻醉。

因為夢在情緒上是有麻醉作用的，所以我們就有了一個防止做夢的辦法，這是非常奇妙的。假如有人知道了他做夢夢到的是些什麼，並且明白他是自己麻醉了自己，那麼，他就不再做夢了，做夢對於他再也沒有什麼用處了。至少我個人是這樣的，我一發現了做夢的意義，便沒有再做夢了。

如果想要體驗這種效果，就得在感情認知方面做出徹底的改變。我個人在最後一個夢裡面才做到這一點。這個夢是在戰爭中做的，我因為職務的關係，努力想使某個人不被派到前線去。結果在夢中，我夢見自己謀殺了一個人，但是不知道殺死的是誰。這讓我心情很不好，一直反覆想著：「我殺的人究竟是誰呢？」事實上，只是因為我白天一直在設法要把那個士兵放到一個安全的地方，免得把他弄死了。夢境中的情緒是幫助鞏固這個觀念的。但是當我明白了夢的托詞以後，便再也不做夢了，因為我不必再欺騙自己去做那些既想做又不想做的事情了——那些事情在道理上本就是可做可不做的。

有個經常被人問起的問題是：「為什麼有些人從來不做夢呢？」上面的那席話便可以作為一個答案。這類人是不願意自己欺騙自己的——他們更喜歡行動，他們懂得正確的邏輯，他們要解決問題。這類人假如做夢，也是很快便會忘記的。他們忘記得太快了，所以不相信自己做了夢。

這就產生了一個新的理論，我們每個人都會做夢，可是我們把多數的夢都忘記了。假如我們接受這種學說，那麼，有些人從不做夢便另有不同的解釋了：他們是做夢而總是把夢忘了的人。我個人是不相信這種學說的。我寧可相信有完全不做夢的人，也有做夢但有時忘了的人。從問題的性質上看來，這種學說是很難被駁倒的，但是要論證其正確性，還得靠創造這種學說的人。

為什麼我們有時候會重複做著同一個夢？這是一個奇怪的事實，目前還沒有明確的解釋。但是在這些不斷重複的夢境裡面，我們可以發現人生的方式表現得更加明顯。這種重複的夢境給我們一個明確而具體的表示，使我們知道那個人的優越感目標究竟是什麼。

在那些冗長的夢境裡，我們應該相信做夢的人還沒有做好真正的準備，他正在尋求一個連接現實與目標的橋樑。所以，最容易理解的還是較短的夢。有時候一個夢裡面只有一個景象、幾句話，但是可以表示做夢的人真的想尋找一個更便捷的方法去欺騙他自己。

現在可以用睡眠問題來結束我們的討論了。許多人關於睡眠發出一些無意義的問題，他們猜想睡眠是清醒的反面，是「最近於死亡」的。但是這種看法是錯誤的。睡眠不是清醒的反面，而是清醒狀況的一個階段。我們在睡眠裡面並沒有和生活相隔離，在睡眠的時候，我們能夠想，能夠聽。清醒時我們在生活中的傾向，在睡眠裡面通常都是有的，所以有些做母親的人，一旦睡起覺來，無論窗外雜訊多大也吵不醒，可是只要孩子稍微動一下，她們就會立刻清醒過來。我們知道，她們實際是清醒的。我們晚上睡覺的時候，身體輾轉騰挪但是不會掉到床鋪下面去，這也證明了我們其實還保留了幾分清醒。

無論醒時還是夢境，我們的整個人格都可以被體察到。催眠術就是利用了這個原理。

關於催眠術，一些迷信的人認為它帶有魔力，其實它只是睡眠的一種。不過在這種睡眠裡面，被催眠的人願意服從催眠的人，並且心裡明白催眠的人想要使他睡著。做父母的人向孩子說：「你玩夠了，去睡吧！」孩子出於對父母的服從，真的去睡了，這也就是一種簡單的催眠術。催眠術之所以能夠得到結果，是因為被催眠的人自願服從，他服從的程度和易受催眠的效果是成正比例的。

在催眠術裡面，我們有機會使被催眠的人，從腦海中找出一些景象、觀念和回憶來——這些可能在清醒的時候是做不到的。這其實有個充要條件就是服從。我們利用這個方法，可以找出解決問題的辦法——個人的早期記憶——那些往事也許他早已忘了。

用催眠術來為病人做治療是有危險的。我個人不喜歡催眠術，除了病人不相信其他任何別的診法以外，從來不用催眠術。因為被催眠的人會出現報復性反彈。他們一開始好像克服了自己所遇到的困難，但是實際上效果並沒有那麼好，因為他們的生活風格並沒有改變。催眠術像快速止痛藥，治標不治本。假如我們真想幫助他們，我們應該做的事情是使他們有勇氣，提升自信，對於自己的錯誤能有良好的瞭解。催眠術卻不是這麼做的，所以除了極少的情形以外，是不必採用的。

一第八章一

問題兒童及其教育

我們該如何教育孩子？這也許是我們現在的社會生活中最重要的問題。關於這個問題，個體心理學奉獻了很多教育理論。家庭教育也好，學校教育也罷，目的都在發展和指導個人的人格。所以，心理科學是科學教育方法所必備的基礎，假如我們願意，我們簡直可以把整個教育，看作廣泛心理生活藝術的一個分支。

先簡單說一下我們的看法。教育最普通的原則是：教育應該與個人日後的生活相一致。這就是說，教育應該適合民族的理想。假如我們教育孩子的時候不注意民族的理想，那孩子日後便會感覺困難——他們會不適宜於做社會的一分子。

當然，民族的理想是可以改變的：如革命以後，突然出現的改變；歷史演化之際，逐漸發生的變革。不過這就是說，教育者應該懷抱一個遠大的理想，要能夠堅守自己的目標，要使個人自己能夠對於多變的環境作出恰如其分的適應。

學校之所以和社會理想發生關係，自然是因為政府的行政力量。因為政府的要求，民族的理想才能在學校制度裡面反映出來。政府對於父母和家庭無法施加直接影響，但是對於學校，卻能夠傳達自己的價值觀。

從歷史上看來，各時代的學校常反映各時代的理想。在歐洲，學校最初都是為貴族設立的。學校的精神是貴族的，只有貴族才能進去接受教育。後來學校被教會接管，於是變成了宗教的學校，只有祭司才能做老師。後來國家發展漸漸需要較多的知識，需要更多的學科，需要更多的老師——這些都是教會無法辦到的。因此，祭司、牧師以外的人也就進了教育界。

一直到最近，做老師的人都不是純粹的做老師，他們往往還有許多別的副業，比如裁縫之類。很明顯，他們教書就只知道用教鞭去教。在他們的學校裡面，孩子的心理問題是無法得到解決的。

現代教育的精神發端於裴斯泰洛齊[注]（Pestalozzi），裴斯泰洛齊也是第一個用除了教鞭與責罰以外其他方法教學的人。

裴斯泰洛齊對現代教育的貢獻非常有價值，因為他告訴了我們，學校裡面所用的方法非常重要。有了正確的方法，每個孩子——除非他是低能——都能夠學會讀、寫、唱、算。我們不能說，我們現在已經發現了最好的教育方法，因為方法始終在改進之中，沒有最好的。我們現在時時刻刻在尋求新的、更好的方法，這本來是正確的。

回頭再說歐洲學校的歷史。我們應當注意，科學的教學方法發展到了某種程度以後，社會上便發生了一種巨大的需求，需要一種能讀能寫能算，而且不必什麼都要人指導，自己能夠獨立做事的工人。那時候有一個口號，叫作「每個孩子都要上學」，現在每個孩子都被送到學校裡面去了。這種發展是由於我們的經濟生活的狀況和發展決定的。

以前在歐洲，貴族處在統治階層，政府只需要官吏和工人。那些未來會有較高社會地位的人，便去高等的學校讀書，普通人根本不用進學校。那時的教育制度就反映著當時的國家理想。現在的學校制度所反映的又是另外一套國家理想。我們的學校已經不再刻板地要求孩子安靜地坐著，把手放在膝蓋上一動不動了。我們現在學校裡的老師和孩子是朋友，沒有絕對的權威，也不再要求孩子一味服從，他們現在可以較自由地去發展了。當然，在美國這種學校比較多，因為學校的發展，總是根據政府規定的國家理想的。

學校制度和國家理想、社會理想的關係都是密切關係的——我們已經知道這是由於它們的起源和組織的緣故——但是從心理學的眼光看來，這種關係對於作為教育機構的學校有很多益處。我們知道教育的主要目標是社會適應，就這一點來說，學校對於孩子的社會性所能給予的指導，比家庭更加豐富，因為學校所教導的價值觀比較接近民族的理想，而且在教育的時候不會被孩子左右，不會溺愛孩子，相對來說公正得多。

而家庭的教育就不是那麼富有社會理想了。我們會發現在很多家庭裡，傳統的觀念佔據主導地位。只有少數家庭，由於父母本身已經很能適應社會，並且懂得教育的目標是要社會化，這樣才能給孩子以較好的家庭教育。只有父母懂得這種道理，孩子才能有適當的受教育和入學的準備，正如他們在學校裡為適應各自生活的未來要做好一定的準備一樣。學校是連接家庭與國家的，孩子在家庭與學校的發展，必須做到上面所說的才算是成功。

我們在前文中說了，孩子的原型和生活風格在出生後四、五年就已經確定了，再也不能直接加以改變。這對於我們現代教育也很有啟發。一方面，學校不應該再一味批評孩子、責罰孩子，而應該想方設法去鍛鍊、教育、發展孩子的興趣。現代的學校不能夠只對孩子進行嚴厲管教和責罰，應該設法去理解孩子，並且解決孩子的個人問題。

另一方面，父母和孩子在家庭裡面的關係非常密切，我們很難要求父母為了社會理想而嚴格教育孩子。他們教育孩子，往往更關注個人小利，因此使得孩子在日後的生活中感到困惑和衝突。孩子剛剛走入學校，就會遇到障礙，畢業以後，困難可能會更加嚴重。

為了改變這種情況，要做的就是讓父母們也受點教育。這件工作通常是不容易的，因為我們不能像支配孩子一樣，常常去支配成年人，並且即使我們能夠教育做父母的人，他們恐怕也很難真正把民族的理想放在心裡，他們的傳統觀念很深，對於新事物不願意付出精力去瞭解。

我們對於做父母的人既然沒有多少辦法，就只好在其他地方多多宣傳這種道理。而最好的地方就是學校。首先學校裡面的孩子很多；其次，生活風格如果有了錯誤，在學校裡比在家庭表現得清楚些；最後，老師跟孩子常年接觸，對於兒童問題更加瞭解。

假如有正常孩子的話，正常的孩子與我們無關，我們不必去管他們。假如我們看見孩子已有完善的發展，對於社會也能適應，最好的辦法是不要去揠苗助長，也不要對他們干涉過多——他們自己會前進的。因為這種孩子能夠在有用的生活方面找出一個目標，去發展他們的心理優越感。這種心理優越感，明顯是作用於有用一方面的，所以並不是優越感。

至於問題兒童、精神官能症病人、犯罪者等的心理優越感和自卑心理，卻都是在無用方面的。這種孩子，因為要在人前掩飾自己的自卑情結，於是生出一種優越感情緒。我們說過，自卑心理是人人都有的，但是一旦這種心理對他打擊過大，讓他轉而走向無用的生活道路上去的時候，它便變成了情結。

所有這些關於自卑、優越感的問題，其實都發生在入學前的家庭生活裡。孩子在沒有入學以前，就養成了一種生活風格，我們把它叫作原型，以別於成年人的生活風格。這種原型是個沒有成熟的果子，假如裡面有了什麼問題，比如有條蛀蟲，它越發展越成熟，蛀蟲便會越大。

我們已經知道，這種蛀蟲或者困難，是由於生理缺陷造成的。自卑心理的起源，是由於生理缺陷所產生的困難，說到這裡，我們又應該牢記，發生問題的並不是生理缺陷本身，而是對於社會的不良適應。正因如此，教育才有實施的可能。一個人只要受到訓練，能夠適應社會，他的生理上的弱點有時不但沒有害處，反而可以變得有用。因為我們已經知道，生理上的缺陷可以因為訓練，產生一種極強的興趣，支配個人的整個生活——假如這種興趣是沿著有用的軌道走的，也許對於個人還有很大的好處。

這都是要看生理缺陷與社會適應的關係而定的。比如有些孩子，只對觀察感興趣，或者只想聽，那麼老師就應該幫這類孩子做調整，讓他們平衡而完善地發展各種感官興趣，使他們發展和利用一切感官的興趣，這樣才不會讓他們覺得自己被其他孩子孤立了。

我們知道左撇子的孩子，從小到大經常會被人誤認為笨手笨腳，這是因為通常沒有人注意到他們是左撇子的孩子，沒有人知道他們之所以笨拙是因為是左撇子。因為是左撇子，這類孩子也常常與家庭格格不入。我們知道，這種孩子不是變得喜歡爭鬥、富於攻擊性——這還是好的一面——就是變得憂鬱消沉、性格乖戾。這種孩子帶著問題進了學校之後，不是愛和別人爭吵，就是頹喪消沉，做事容易衝動，遇麻煩又缺少勇氣。

除了有生理缺陷的孩子以外，還有很多孩子在家裡被溺愛慣了，這類孩子的學校生活也會不順暢。這是因為在當前學校的組織架構下，不可能讓某一個孩子永遠做別人注意的中心。有時候也許某個老師確實很溫和，對學生格外關心，但是學生一年年升級，最後還是會失去被人寵愛的地位。在之後的生活裡這種情形會越來越多，因為我們的文化不會讓一個沒有做出什麼貢獻的人，永遠佔據注意的中心。

所有這類孩子都有一些確定的特徵：他們無法很好地應對人生問題。他們野心勃勃，總是想去支配別人，但是這樣做不是為了社會。此外，他們總是愛和別人發生衝突，對別人懷有敵意。但是實際上，他們通常都是些無法面對現實的懦夫，因為他們對於一切人生問題都沒有興趣。一個被溺愛慣了的孩子對於人生問題是沒有任何準備的。

此外，我們發現這種孩子身上還有一種特徵：那就是過分小心謹慎，做事時常猶豫。當他們遇到人生問題時，他們沒有辦法解決，於是只能無限期地拖延下去。也就是說，他們對於生活向他們提出的問題沒有解決辦法，只能逃避，做什麼事都不能有始有終。

這種種特徵往往在學校裡表現得更明顯一些。因為學校和家庭不一樣，就像是做酸性試驗，在學校很容易就可以看得出來一個孩子是不是能夠適應社會並且有解決問題的能力。錯誤的生活風格在家庭裡面常常可以不被發現，可是一到學校便表露無遺了。

被溺愛慣了的孩子和有生理缺陷的孩子，對於人生的困難都想逃避不管，因為他們的自卑心理太強了，這讓他們失去了解決人生困難的勇氣。但是我們在學校裡可以支配那些困難，可以漸漸地幫助他們學會解決問題。所以學校就成了一個我們可以給予真正教育，而不只是灌輸知識的地方。

除了這兩種孩子以外，我們還要討論一種被人討厭的孩子。被人討厭的孩子通常是長相醜陋、性格有問題、身有殘疾的。這樣的孩子無論在哪一方面，對於社會生活都沒有準備。這種孩子在走入學校後，所遇到的困難無疑會最大。

由此我們知道，無論學校的教職員願意與否，都得加強對孩子本身及教育方法的瞭解，這應該是學校日常工作的一部分。

在學校中，除了這些特殊的問題兒童以外，還有一種被稱為神童的孩子——特別聰明的孩子。有時候因為他們某種科目學得特別好，所以他們在別的科目上也容易表現得更聰明一點。他們反應敏捷，野心勃勃，通常這種孩子是不大受同伴歡迎的。孩子好像總能敏銳地感覺出同伴是不是能與社會相適應。這種神童在學校裡被人羡慕，可是並不受歡迎。

許多神童在學校的時候順風順水，這一點我們都能想像得到，但是他們一旦進入社會生活，我們便會發現，他們其實根本沒有做好生活計畫。一旦碰到人生三大問題——社會、職業、戀愛與結婚——的時候，他們便遇到困難了。他們幼年時代的生活風格全部表露出來，他們在家庭裡面不能很好地適應，這種負面的影響此時便顯現了出來。他們在家庭裡事事如意，這很好地掩藏了他們生活風格中的錯誤，可是一到了新環境中，錯誤便立時表現出來了。

有趣的是很多詩人也敏銳地發現了這個問題。許多詩人和戲劇家在他們的詩歌、戲劇、小說裡面，維妙維肖地把這類人的複雜生活給勾勒了出來。比如莎士比亞所描寫的一個角色——諾森伯蘭（Northumberland）——就是一個很好的例子。就這一點來看，我們要說莎士比亞是個心理學的內行，在他的筆下，諾森伯蘭在沒有遇到真正的危險以前，對於國王還能做到盡忠職守。可是遇到真正的危險後，他就很快背叛了國王。莎士比亞很清楚地明白這一點：一個人真正的生活風格，只有在碰到了困難的環境時，才會表露無遺。不過我們要注意的是，這種情況下所暴露的生活風格其實並不是困難環境的產物，而是早已建立了的。

對於神童的問題，個體心理學認為最好和解決其他問題兒童的方法一樣看待，因為個體心理學強調「每個人都能成功」。神童的問題是野心太大，而且很多時候他們是被周圍環境逼迫著不斷前進的，被逼迫著領先於其他孩子，這使得他們經常太注意本身的利益。而當我們說出「每個人都能成功」這個口號時，他們的鋒芒便可稍減，這對於他們個人也是有益的——即使聰明的孩子也不至於自負，不至於野心太大。他們知道自己的優秀表現只是因為接受了良好的教育，有了好的機會。假如他們繼續去接受好的教育，那麼，他們就都可以達到別人達到的成就。對於成績一般的普通孩子來說，即使他們所受的教育和訓練只是普通水準，但是只要他們的老師能讓他們明白正確的方法，也一樣可以取得好成績。

後面所說的普通孩子，有的已經失去了上進的勇氣。這時候，我們更應該保護他們，減輕自卑心理對他們的影響。沒有人能夠忍受強烈的自卑心理。這種孩子在人生的最初階段所遇到的困難，沒有像現在在學校裡所遇到的那麼多，他們對於社會生活缺少準備，他們無法面對那些困難，所以想翹課，甚至根本不想進學校。他們相信自己在學校裡不會有什麼成功的希望，假如他們這種想法真是正確的話，那麼，我們也不能不承認他們的行動是一致的，是合理的。但是個體心理學不承認他們在學校裡沒有希望，個體心理學相信人人都可以獲得成功。心理問題是常有的，但是這些問題可以改正，孩子仍舊可以前進。

不過一般解決這種新環境適應的方法都不太正確。孩子剛走進校門，無法面對一些困難的時候，做父母的便表現得過分關心和焦慮。老師的報告、孩子在學校所受的批評責罰，父母一過分干預，問題反而變得更嚴重了。很多時候，一個孩子因為在家裡受到父母寵愛，於是無憂無慮，表現得也很好，等到了學校，因為失去了熟悉的家庭環境，隱藏的自卑心理表現了出來，孩子的表現也立刻變得糟糕了。那時候孩子的心理會出現一些變化，他會討厭平時對他愛護有加的父母，因為他覺得父母欺騙了他，他對父母的態度也發生了變化。他因為對新環境焦慮，便把父母以前對他的一切行為和寵愛通通忘了。

我們常常看見有些孩子，在家裡的時候喜歡跟人打架，到了學校裡面表現卻完全不同了——安靜又老實，甚至老實到被人欺負。有時候母親跑到學校，抱怨說：「這個孩子實在讓我頭疼，他整天跟人打架。」老師卻說：「不會啊，這孩子在學校很安靜，他整天就是坐在座位上。」有時候情形恰恰相反。母親跟老師說：「我們家孩子在家裡非常安靜，沒什麼脾氣。」老師卻說：「他在學校很調皮，簡直把全班都帶壞了啊。」後面這種情形，我們是容易理解的。孩子在家裡是別人注意的中心，所以安靜謙遜。在學校裡面他不是別人注意的中心了，所以和別人打架。反過來也是一樣的。

比如有個八歲的女孩，同學都很喜歡她，她在全班的成績也最好。我們一定以為這是一個乖巧聰明的女孩吧？她的父親卻跑到醫生那裡去，抱怨說：「這個孩子性格真是太霸道了，在家裡就是一個說一不二的魔王。我們再也受不了她了。」這是怎麼回事呢？我們相信這個女孩是一個無能家庭裡的第一個孩子，只有無能的家庭才能被一個孩子這樣隨意折騰。後來家裡又生了一個孩子，她便覺得自己的地位被動搖了，她希望自己能永遠做別人注意的中心，所以她就變得暴躁起來。而在學校的時候，班級裡並沒有發生什麼變動，她跟同學關係很好，不必吵鬧，所以她的表現就比較平和。

還有些孩子無論在家裡也好在學校也好，都無法很好地適應。家庭和學校也都把他們當成負擔，結果他們的錯誤便更加嚴重。這類孩子無論在家裡還是在學校，身上總是髒兮兮的。他們在家裡和在學校的行為既然都是一樣的，我們便應該從過去的事情裡面去找原因。無論如何，我們對於孩子在家裡在學校的行動都要注意，才能診斷孩子所遇到的問題。假如我們要去正確地知道孩子的生活風格和他努力的方向，無論哪一部分都是重要的。

有時候一個適應得很好的孩子遇到了學校的新情境，也有不能適應的。如果孩子在學校裡面，老師與同學都跟他關係不好，就容易出現這種情況。我們可以從歐洲方面的經驗舉一個例子：有個平民家庭出身的孩子，因為他的父母很有錢，對孩子抱著很大的期望，於是把他送到一個貴族學校。在那裡這個孩子的生活並不愉快，因為他不是出身於貴族家庭，所以幾乎所有的同學都看不起他。他以前嬌縱慣了，至少也舒服慣了，可是一朝之間，突然到了一種極其仇視他的環境裡面。有時候他的同學對待他的態度極其糟糕，簡直使他忍無可忍。但是回到家之後，他從來都不會跟家人提起這些情況，因為在他看來這是一種恥辱，他只能默默地獨自忍受這種痛苦。

這種孩子到了十六歲或十八歲的時候，他們即將進入成年期了，對於人生問題也得正面解決了，但是他們因為失掉了勇氣，失掉了希望，人生實際上停滯了下來。他們除了在社會方面感覺困難以外，同時在戀愛與結婚方面也感覺到了困難，因為他們再也無法前進了。

遇上這樣的情況，我們該怎麼辦呢？他們失去了勇氣，也找不到出路，他們和整個世界都隔絕了，或者覺得自己被隔絕了。有些人因為想傷害自己以使別人傷心，於是跑去自殺。有些人想隱退，結果最後就「退隱」到了精神病醫院裡。這類人漸漸地失去了本來就不太多的社交能力，說起話來讓人覺得怪誕，生活中故意避開別人，對於整個世界常常抱持著一種敵對的態度。這種情形，我們叫作早發失智症（dementia praecox）。假如我們想要幫助他們，我們就得想個方法，恢復他們的勇氣。他們的病雖很嚴重，但也有辦法治癒。

我們用心理學來指導孩子教育問題的時候，既然需要診斷他們的生活風格，現在最好講講個體心理學的診斷方法。生活風格的診斷，對於別的許多事情，自然都有用處，但是在教育的實施上尤其缺少不得。

個體心理學除了直接研究孩子的生活風格形成期外，還會研究孩子對個人早期記憶和未來職業的幻想，去觀察他們的外在行為表現和態度，去根據他們的子女排行做分析研究。這些方法，我們都已經討論過了，但是在這裡還有必要再把孩子的排行提出來說說，因為這方面的情形和教育進展的關係比別的方法更密切些。

我們知道分析孩子排行的要點：

第一個孩子曾經是獨子，後來又失去了這個地位。他曾經享有很大的權威和榮耀，但是又突然失掉了。

弟妹們的情況則有所不同，在心理上，他們很清楚自己不是第一個孩子。我們知道，做哥哥姐姐的人通常認為他們是有權威性的，但是弟妹的出生讓他們失掉權威，這對他們來說是個悲劇，他們是非常渴望權威的。

第二個孩子的處境便完全不相同了。從生下來開始，他就註定不可能完全成為別人注意的中心，有人已經走在了他的前面。他時時刻刻想要追上前面的人，他不服從權威（很多時候第二個孩子有點叛逆），但是他其實是自己想要那種權威。他覺得好像賽跑一樣，他被逼迫著不斷向前。從他的一切動作看來，都可以知道他在注意前面的某一點，想要趕上去，他無時無刻不想改變科學和自然的法則，他的確是富於革命性的——不是在政治方面，是在社會生活方面，是在他對人的態度方面。聖經裡面雅各（Jacob）和以掃（Esau）的故事，就是一個很好的例子。

如果一個有幾個孩子的家庭，在長子都快長大時才生出第二個，那麼，最後一個的處境便和長子是一樣的。

從心理學的眼光看來，家庭裡面最小的孩子的地位最有意思。所謂最小，我們的意思自然是指幼子幼女，下面再沒有弟妹。這種孩子的地位是有利的，因為他的地位不會再發生變化了。第二個孩子的地位可以被別人奪去，有時候他會品嘗到和第一個孩子一樣的痛苦，但是最小的孩子便終生不會遇到這種事情。所以他的處境是最好的，假如別的情形相等，我們知道，最小的孩子能有最好的發展。他和第二個孩子一樣，精力極其充足，想要獲得優越地位。同時他有領路的人，有爭勝的目標。但是通常他與全家的人所走的路是不相同的。假如家裡的人都是科學家，最小的孩子說不定就是一個音樂家或者商人。假如家裡人都是商人，最小的孩子說不定就是一個詩人。他總要和家裡人不同一點。因為另取途徑，不在同一路上去競爭，事情要比較易辦，因此他便喜歡採取一個與家裡人不同的途徑。很明顯，這表示他多少有點缺乏勇氣，因為假如他有勇氣的話，他便會在同一途徑上和別人競爭。

我們要注意，我們根據孩子的排行所做的預測只是一種大致的趨勢，並非一定如此。事實上假如第一個孩子是聰敏的，他就不會因為第二個孩子失去優越地位，也就不至於品嘗到痛苦。這種孩子對於社會適應得非常好，他們的母親甚至還會用他們來影響其他的孩子，連新生的嬰兒也在內。也就是說，假如第一個孩子真的不能被人征服，第二個孩子便會承受很大的壓力，他會成為一個問題。這樣的第二個孩子結果是最壞的，因為他們常常失掉了勇氣，失掉了希望。我們知道，孩子在賽跑的時候應該時時有個勝利的希望，一旦這種希望完了，一切便都完了。

獨子也有他的難處，因為他在兒童時期全是別人注意的中心，他的生活目標是希望永遠做別人注意的中心。他並不根據邏輯去推理，他只根據他的生活風格去推論。

假如全家都是女孩，只有一個男孩，那個男孩的地位也會成為問題。通常以為這種男孩的行為會女性化，這種看法未免有些偏激了，因為我們人人都是女人教育出來的。但是在這種情形之下，全家的目標都是偏於女性的，當然也會對男孩的成長帶來一些障礙。一個人到了別人的屋子裡，他立刻就可以知道那家庭是男孩多還是女孩多。陳設會不同，喧鬧聲有多有少，秩序也會不一樣。如果家裡男孩多些，破敗的東西也便多些；如果家裡女孩多些，所有東西便乾淨得多。

在這種環境之下的男孩，說不定會努力做出一個男性的樣子，過分強調自己的男性特質；否則他便和家裡其他的人一樣，愛乾淨，關注細節，稍微帶一點女性化。總之，這種孩子，不是溫柔和善，就是非常粗野。後面這種情形，常常是想證明，想讓大家注意他們是男人的事實。

在有許多男孩家庭中成長起來的女孩也有同樣的困難。她如果不是很安靜，特別富有女性的溫柔，就是特別男性化，爭強好勝，男孩所能做的事她也想做，甚至想要打扮得和男孩一樣。在這種情形之下，自卑心理是很明顯的，因為她是唯一的女孩，而周圍的男孩又比她強。她覺得自己「只是」一個女孩，所以生出一種自卑情結。「只是」一詞把整個自卑情結都表現出來了。後來長大了，她對於性的態度也跟男人一樣，從這些地方，我們就可以知道她有一種作為補償之用的優越感。

我們結束關於孩子出生次序的討論時，可以再說一下特殊的情形：第一個孩子是男孩，第二個孩子是女孩。這兩個孩子之間常常會有極激烈的競爭。女孩因為自己不只是第二個孩子，而且自己是個女孩，所以總想向父母證明自己比哥哥更強。她精力充沛，做起事來特別有主意，而她的哥哥呢，眼看著她在競爭中趕上自己了，於是對此特別焦慮。我們知道，事實上女性在身體方面和心理方面都比男性發展得快，比如一個十二歲的女孩便比同年齡的男孩發育得快，更早進入青春期。男孩看了這種情況，可是不知道這是生理的原因，於是他就會覺得自己不如別人，想要放棄。他不再追求進步，反而想要逃避。有時候他的逃避方法是從事藝術，但有時候他卻變成精神官能症病人、犯罪者，或者陷入瘋狂。他覺得自己喘不過氣來，不能夠再參加這種競爭了。

這種情境，就是用「每個人都能成功」的說法也是難以解決的。我們所能做的一件事就是告訴那個男孩，告訴他女孩之所以超越了他，是因為她努力的成果。我們也可以盡力指導女孩和男孩，叫他們不要競爭，去減少家庭中那種競賽的氛圍。

注：裴斯泰洛齊（一七四六—一八二七）。十八世紀末、十九世紀初瑞士著名的民主主義教育家。——譯者注

第九章

社會問題與社會適應

個體心理學的目標是社會適應。這種說法聽上去似乎有點奇怪，好像自相矛盾，其實也只是字面上「個體」與「社會」的矛盾而已。事實是我們必須注意個人具體的心理生活，我們才能理解社會因素的重要性。個人也只有在社會的背景中，才能成為個人。有些心理學派將個體心理學和社會心理學區分開來，但是我們認為兩者並沒有什麼不同。在本書中，我們雖然一直都在分析個人的生活風格，但是讀者可能也注意到了，我們的分析總是帶著社會觀點，我們的目的是讓個人融入社會，成為對社會有用的人才。

而下面我們要做的分析，會更加側重個人的社會適應問題。我們所要討論的內容還是一樣的，不過不再圍繞著生活風格來說，我們要討論行動的生活風格和正確地促進行動的方法。

上章中，我們分析了兒童教育的問題，現在我們分析社會問題仍是要基於兒童教育問題的分析。因為學校和幼兒園就是一種微縮的社會機構，我們可以在學校和幼兒園裡面研究簡化了的社會不良適應問題。

以一個五歲男孩的行為問題為例吧。他的母親跑到醫生那裡抱怨說，她的孩子無時無刻都在吵鬧，非常令人討厭。她每天被他纏得分身乏術，一天下來人都精疲力竭了。她說她實在太厭倦這種生活了，如果可以跟孩子分開，她心甘情願讓孩子搬出去。

假如我們聽見一個五歲的孩子太吵鬧了，我們便很容易想到他的行為是個什麼樣子。假如一個人在五歲的時候很頑皮，他會做出些什麼事呢？他會拖著笨重的鞋子爬到桌子上面；他會把剛換上的新衣服弄髒，到處亂跑；假如母親想要看書，他會故意搗亂把燈開了又關，關了又開；假如母親和父親想要彈奏樂器或者談話，他就會故意在一邊大聲叫喊，或者堵著耳朵大聲說他不愛聽那種聲音。他常常要這樣或要那樣，如果沒有得到他想要的，他便會大鬧脾氣。

假如看看這種孩子在幼兒園的行動我們就可以知道，他們是愛打架的，他們所做的一切事情，其目的都在引起一場爭鬥。他一天到晚都不安靜，弄得父母總是疲憊不堪。他本人是不會疲倦的，因為他和他的父母不一樣，他所不願做的事他就可以不做。他的目的只在不安靜，使得別人一刻都不得安寧。

有一件特殊的事情，可以表明這個孩子爭鬥的目的，只在於使自己成為別人注意的中心。有一天他的母親和父親在一個音樂會彈琴唱歌，帶他去了。他們正在歌唱的時候，他卻喊了出來：「喂，爸爸！」喊過之後，還繞著廳堂走了一遍。這種行為是可以預料得到的，但是他的母親和父親卻幾乎不知道是什麼原因。雖然他的行為不是正常的，可是他們還以為他是一個正常的孩子。

不過，看他的確是正常的，因為他對於人生有個聰明的計畫，他所做的事情是對的，是合乎他的計畫的。假如我們知道了他的計畫，我們便可以猜出他的行為。所以我們可以說，他並不是個低能兒，因為低能兒對於人生不會有個聰明的計畫。

當他母親請客，要去招待客人的時候，他便會把客人推開，不讓他們坐下來，如果有人要坐某把椅子，他便常常非搶著坐那把椅子不可。我們知道，這種行為也是合乎他的目標，合乎他的原型的。他的目標是要佔優勢，要支配別人，要每時每刻都得到父母的注意。

我們由此可以斷定，他平時是個被溺愛慣了的孩子，他只要能夠再度得到別人的關注，他就不會爭鬥了。換句話說，他是一個失去了順境的孩子。

他的順境是怎樣失去的呢？答案是他一定有了一個弟弟或者妹妹。他在五歲的時候，處境已經不同了，他覺得自己的地位已經被別人占去了，所以想用鬥爭的方法去恢復已失的中心地位，因此他便總是纏住他的父母。此外還有一個理由。我們知道他對於新環境沒有準備，他是個被溺愛慣了的孩子，所以從來沒有養成一點社會感覺。他不能適應社會，他只注意自己本身，只注意自己的利益。

大家問他母親，問他對於弟弟的行為怎樣，她總說這個男孩是愛他弟弟的，但是每當和弟弟玩的時候，總把弟弟打倒在地上。我們可以說，從他這種行為看來，他對於弟弟是沒有多少友愛的。

我們要想完全瞭解這種行為的意義，就應該把這種行為和我們常常遇見的看起來好鬥，但是並不經常出手的孩子比較一下。那種好鬥的孩子非常聰明，並不總是和別人去鬥爭，因為他們知道，他們的父母會阻止他們，不許他們常常打架。所以這種孩子總是適可而止。但是原有的行為還是可以重新出現的，比如這個孩子在和弟弟玩耍的時候，便會把弟弟打倒，老實說，他跟弟弟一起玩的目的就是要打倒他的弟弟。

那麼，他跟母親的相處是怎樣的呢？假如他母親打他的耳光，這孩子卻一副無所謂的樣子，說打耳光沒什麼了不起的；假如母親痛打他一頓，他就會老實一點，但是過不多久，又去打架去了。我們應該注意他的一切行為都是由他的目標決定的，他所做的一切事情都是向著他的目標的，我們幾乎可以預先把他的行動猜測出來。假如個人的原型不是一個整體，或者我們不知道原型的行動目標，那麼，我們對於孩子的行為是預測不到的。

你可以想想這個孩子的生活情形。他進了幼兒園，他在幼兒園的經歷我們是可以預先料到的。假如他被別人帶到一個音樂會去，他實際上的行動，我們簡直可以預料得到。大致說來在弱的環境裡面，他會支配別人；在較難的環境裡面，他會爭著去支配別人。所以假如幼兒園的老師是很嚴厲的，他在幼兒園便待不住很長時間。在那種情形之下，他便會想出種種遁詞。他會常常精神緊張，因為精神緊張，便可以弄出頭痛、心神不安等種種問題，這種病症可以成為神經疾病的先兆。

反之，假如環境溫柔快樂，他便可以覺得自己成了別人注意的中心。在這種情形之下，他甚至可以變成全校的領袖——成為一個完全的勝利者。

我們知道幼兒園是一個具有社會問題的社會機關。一個人不能不遵從社會的法則，他對於社會問題便不能不有點準備。孩子應該使自己對於這種小規模的社會有點益處，而他除了多多注意別人以外是不能有用於社會的。

公立學校的情形也是一樣，這種孩子在公立學校將遭遇的經歷，我們也是可以想像得到的。在私立學校裡面，情形比較好一點，因為私立學校的學生通常少些，學生可以從老師那裡多得到一點注意。

在私立學校裡面也許沒有人能夠看得出他是一個問題兒童，說不定他們還會說：「這是我們最聰明的孩子，我們最好的學生。」假如他是班上的領袖，也許他在家裡的行為都可以變好。他只要在某一方面占了優勢，他就可以心滿意足了。

假如一個孩子進了學校之後，行為改變了，我們就可以相信他在班上很受人尊重，他在班上自覺占了優勢。但是通常的情形卻恰恰是相反的。孩子在家庭裡面很招人喜歡，乖巧聽話，一旦進了學校便把全班的風氣都弄壞了。

我們在上章已經說過，學校是連接家庭與社會生活的。假如我們採用那個公式，我們就可以知道我們所說的這種孩子走進社會生活之後，會發生些什麼事情。他在學校裡面有時候可以得到的順境，在社會生活裡面是很難得到的。有些孩子在家裡是很聰明的，在學校也是很聰明的，可是成年後常常變得沒有用處，一般人都覺得很奇怪。我們要說的是，這種成年人是有心理問題的，不是現在才有，而是從兒童時期就存在問題。之所以一直沒有表現出來，是因為兒童時期的原型被順利的環境遮住了，一直到成年人生活裡面才表現了出來。

因此我們對於處在順境裡面的存在問題的原型，也應該努力去瞭解，至少也應該明白處於順境裡面的原型也是可能有問題的，而只有在逆境中才能真正看清一個人。事實上，在順境中，我們也能發現一些特徵，這些特徵可能代表著一個人的原型出現了問題。比如，一個想要引人注意、缺乏社會興趣的孩子，常常是不太整潔的。因為身上一不潔淨，他就可以占住別人的時間了。這樣的孩子可能習慣晚睡，他晚上會哭，或者尿床；他做事焦躁，因為他知道焦躁可以當作一種武器，可以強迫別人去服從自己。這種種特徵在順境裡面都是有的，只要注意這種特徵，你就可以發現問題了。

讓我們看看這個原型出了問題的孩子，到了十幾歲快成年的時候，到底是種什麼情形吧。他的生活背後有一塊巨大的陰影，我們很難估量那塊陰影會產生多大影響，因為這不是肉眼可見的。

老實說，一個人的生活目標和生活風格都不容易觀察出來。但是我們也不是完全沒有辦法，因為一個人在生活中總會碰到我們所說的三大人生問題——社會問題、職業問題、戀愛與結婚問題。這三種問題都是我們與生俱來的。社會問題包含我們對人的行為和我們對於人類、對於人類前途的態度。這個問題裡面包含有人類的保存問題和人類的拯救問題。因為人生實在太有限了，我們只有共同合作，才能不斷發展。

至於職業問題，我們可以從孩子在學校的行為去做個判斷。我們可以相信，假如孩子就業的目的只是為了勝過別人，那他的工作一定是不順利的，世上很難找到那樣一種工作。要找一種工作，一開始就當領導層，或者不必和別人合作就能做好，那可真不容易。如果這個孩子只知注意個人的利益，那麼普通員工是做不好的。並且這類人也很難在職場獲得晉升和發展，因為他們不能在必要的時候為公司的利益而看輕自己的利益。

大致說來，我們可以說，要對社會能夠適應，在職業上才能夠成功。在商業上如果你能夠瞭解你的鄰居和顧客的需要，用他們的眼睛去看待問題，用他們的耳朵去聽取意見，用他們的感覺去體驗商品使用，那麼你就一定能夠成功。我們相信這類人最後一定可以擁有良好的社會地位，但是我們所研究的這個孩子卻做不到這些，因為他所追求的常常是他個人的利益。成功所需要的各項要素，他只具有很少一部分，因此他在職業方面很可能會成為一個失敗者。

這類人對於職業的準備，通常是匱乏的，這也導致他們之中很多人很難找到自己的事業。他們說不定到了三十歲，還不知道自己打算做些什麼事情養活自己。他們今天做這行明天做那行，這件事情做了一下又改做別件，這些情況都反映了他們在職場上的無力。

有時候我們看見一個剛剛成年的年輕人，他確實很努力，可是往往不知道自己該做什麼能做什麼。對於這類人，我們首先要對他進行深入的瞭解，要能夠告訴他選擇一種適合自己的職業，這樣一來他還是能夠對某種職業產生興趣，並且做出一番事業來的。

一個孩子在成年後仍然不知道自己要做什麼，也是一件讓人難過的事。因此無論在家庭，還是在學校，我們都應該努力提起孩子的社會興趣，讓他們在很小的時候就去想想未來的職業。老師可以出些作文題目，比如「我的理想」、「我未來要成為××」之類的題目。假如要他們就這種題目去做文章，他們就實實在在遇到了職業問題，否則他們對於職業問題不到火燒眉毛是不會去解決的。

年輕人必須面對的最後一個問題是戀愛與結婚的問題。婚姻是人類兩性最普遍的結合方式，戀愛與結婚自然是個極其重要的問題。假如我們都是雌雄同體的，那麼，情況便會大不相同。但是既然有兩性，我們在對待異性的行為方面便不能不加以訓練了。在下面一章，我們打算把戀愛與結婚的問題仔細討論一下，在這裡我們只要指明它和社會適應問題的關係就夠了。社會興趣的缺乏是社會的不良適應和職業的不良適應的原因，同時也是人們通常無法與異性友好相處的原因。一個絕對以自我為中心的人，對於結婚生活是不會有正確的準備的。

我們可以說，兩性本能的一個主要目標，似乎在把個人從狹隘的個人生活中拖出來，使他能夠適應社會的生活。但是在心理上我們對於兩性結合必須有足夠的心理準備，因為除非我們事先已經有所準備，能夠不只關注自己，把自己融合在由兩個人構成的親密關係裡，這樣兩性本能的功用才能得到完整的發揮。

關於我們所研究的這個男孩，現在我們可以對他做一個完整的評估了。我們已經知道，他站在人生三大問題之前，感到困惑與失望；我們已經知道，他個人有個優越感的目標，把人生一切重大問題儘量逃避了，不理會。他還剩下些什麼？他不融入社會裡面，他對於別人都抱持著一個敵視的態度，他多疑且不安，他是完全脫離現實生活的。他因為對別人沒有興趣，所以根本不在意自己在他人心目中的形象，常常衣著邋遢，蓬頭垢面，看起來就像一個生活脫軌了的人。

我們知道，語言交流在社會裡是必要的，但是他卻不願意跟人交流。他根本就不說話——而不說話是早發失智症的一種特徵。

他自己把一切人生問題都隔絕了，於是他的行動都是非正常的，事實上他一直是在朝著精神不正常的路上走。他的優越感目標使他和別人絕對地隔絕，使他的性欲也改變了，變成一個性欲倒錯的人。有時候他夢見自己在天上飛，有時候自以為他是上帝，或者是中國的皇帝——他用這種辦法去滿足他的優越感目標。

我們常常說，所有人生問題其實從本質上來說都是社會問題。我們知道幼兒園、公立學校、朋友之間、政治方面以及經濟生活等地方，都有社會問題。所以很明顯的，我們一切的能力都集中在社會方面，都是為人類服務的。

我們很多人之所以社會適應較差，就是因為幼年時的原型出了問題，而我們要做的就是學會如何及早補救這種缺點。假如我們能夠告訴那些為人父母者，使他們不只能夠防止孩子的成長出現重大偏差，而且還能夠根據一些細節診斷孩子的原型是否出了問題，並及時去改正那種問題，當然是一件最好的事。但是事實上卻很難做到這一點。因為現實生活中願意認真研究兒童心理學，有意識地注意兒童心理教育的父母根本就少之又少，或者我們可以說很多父母對兒童心理並不感興趣。

他們或者溺愛自己的孩子，或者對那些指出他們孩子性格缺點的人抱有敵視，再不然就採取放養式教育，對孩子什麼都不管。所以也不能把所有希望都寄託在父母身上，而且說實話，我們也不能要求父母短時間內就變成教育專家。要使為人父母者真正認清他們的職責，可能還需要花上很長時間。為了當下的孩子，我們最好還是去請教一個醫生或者心理學家。

除了醫生和心理學家的個人工作以外，只有學校和教育可以產生最好的結果。孩子在沒有進學校以前原型裡面的問題通常是不大出現的。一個理解個體心理學方法的老師對於出了問題的原型，只要很短的時間便可以觀察出來。他可以知道一個孩子是不是願和別人在一起，是不是努力前進，想做別人注意的中心。他還可以知道哪些孩子有勇氣，哪些孩子缺乏勇氣。一個訓練有素的老師，只要一個星期就可以看出一個孩子的原型裡面存在的問題。

老師是為社會服務的，這是他們的天職，所以在教導孩子改正錯誤方面他們做得更專業。人類之所以設立學校，也是因為家庭的力量不足，不能完善地教育孩子，使他們適合人生的社會需要。學校是家庭的延伸，孩子的大部分性格是在學校形成的，而他們解決人生問題的方法也是從那裡學來的。

學校和老師應該有種心理學的見識，才能適當地完成他們的工作。未來的學校一定會多多根據個體心理學做事的，因為學校的真正目的是養成個人的性格。

一第十章一

社會感、常識與自卑情結

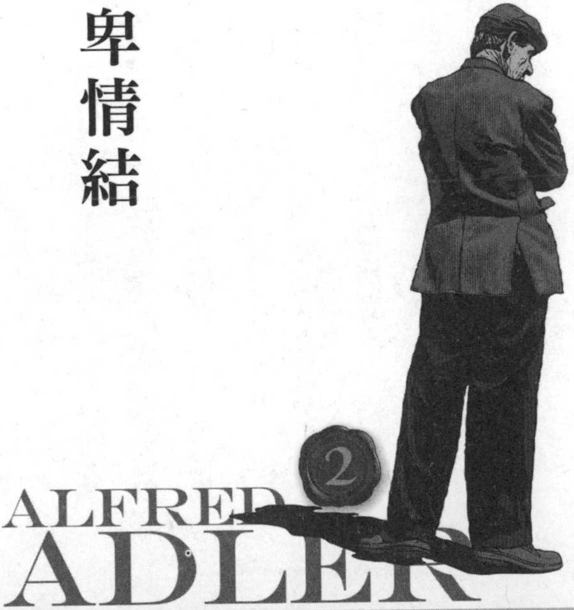

我們已經知道不良的社會適應起源於有社會性的自卑心理與尋求優越感的結果。而自卑情結和優越感兩個名詞，已經把不良適應的結果顯示出來了。這種情結並不是遺傳的，也沒有存在每個人的天性裡——它們只是後天因個人與社會的環境相接觸而發生的。但是為什麼不是人人都有自卑情結和優越感呢？

所有人本來都有一種自卑的心理，都有一種求成功和優越感的努力，這種心理和努力就構成了他們的心理生活。之所以不是人人都有自卑情結和優越感，是因為他們的自卑心理和心理優越感受到一種「心理機構」的引導，引導到了有用於社會的路上。這種機構的來源是社會興趣、勇氣和關心社會的態度或常識。

讓我們把這種機構的起作用和不起作用的情形都研究一下吧。我們知道當自卑心理不是很嚴重的時候，孩子總是努力向上的，他們的努力總是在有用的生活方面上。這種孩子為了達到他們的目標，對別人是很關心的。社會意識與社會適應是正確的，並且是正常的補償方法；從另一方面說，我們幾乎找不到一個人——無論孩子或成年人——追求虛妄的優越感，而人生還能得到健康發展。我們找不出一個人真會說「我對於別人沒有興趣」，他的行為也許對於別人沒有興趣——好像他對於全世界都沒有興趣——但是他自己心裡也很清楚這是錯誤的。他為了遮掩自己沒有社會興趣，只會強調自己對於別人是有興趣的。這一點反而可以證明社會意識的普遍性。

但是不良適應實際上是有的。我們可以看看一種邊際實例，去研究不良適應的起源。所謂邊際實例，是說有自卑情結的存在，但是因為環境順利，自卑情結沒有公開顯示出來。自卑情結是隱藏著的，至少也有一種把它隱藏的趨勢。所以，假如一個人沒有遇到困難，他看上去好像是心滿意足了。但是假如我們仔細研究一下就可以知道，他實實在在地表示了他是覺得自卑的——即使不用語言或意見表示，至少也用態度表示。這就是一種自卑情結，是過分的自卑心理的結果。

一般來說，有著這種情結的人，因為只知一味注意自我，弄得自己太難過了，總是在尋求解脫。

有些人習慣把自己的自卑情結隱藏起來，但是有些人卻會當眾承認，說：「我這個人有自卑情結的。」這倒是一件很有意思的事情。自己承認的人，因為敢於承認，總是得意揚揚。他們覺得自己比別人偉大，因為他們敢於承認了，而別人不敢。他們以為「我能夠誠實面對自己，我對於自身存在的問題一點也不隱諱」。但是他們承認自己是有自卑情結的時候，同時就給出一種暗示，暗示著之所以會如此，是因為他們的生活方面或者其他環境方面的困難造成的。他們也許會責怪他們的父母或家庭太貧窮，也許會怪自己的學校不夠好，也許會怪自己的命不好，怪別人對自己潑冷水了，或者怪別的種種事情。

我們知道，優越感是用來抵償自卑情結的，自卑情結常常可以被它隱藏起來。有這種情形的人是傲慢的、粗魯的、自負的、勢利的，他們最注意外表而不大注意行動。

這類人最初努力自強的時候，當眾講話便有點害怕，他們後來便以這種原因去原諒自己所有的失敗。他們說：「假如我當眾講話不害怕的話，我什麼事情不能做呢？」這種附有「假如」的話的後面通常都是藏有自卑情結的。

自卑情結又可以從許多別的性質看出來，比如狡猾、謹慎、迂腐，排斥較大的人生問題，尋求狹隘的、受著種種規則限制的活動範圍。假如一個人常常倚靠著一根手杖，那也是一種自卑情緒的表現。這類人對於自己沒有信任的心思，並且我們可以看出他們是有奇怪的興趣的。他們常常把時間精力用在細微的事情上面，比如收集報紙之類的。他們儘管總是在做一些浪費時間的事情，可是總是原諒自己。他們在無用的方面做得太多了，長此下去，是可以把自己變成強迫性精神官能症的。

所有問題兒童，無論他們在表面上表現的是什麼問題，通常都藏有自卑情結。比如懶惰，其實就是排斥重要人生工作的一種方法，是自卑情結的一種表現。偷竊就是利用別人的不注意，說謊就是沒有說出真相的勇氣。孩子所有的這種種表現，其原因都是一個自卑情結。

精神官能症是一種發展了的自卑情結。一個患有焦躁的精神官能症病人，他什麼事情都不能做。他時時刻刻努力找人去陪著他——假如有人陪著，他的目的便達到了。他受著別人的扶助，別人也受著他的牽累。從這裡我們可以知道自卑情結變成優越感的情形，別人應該服侍他！精神官能症病人得到了別人的服侍，他便自以為比別人強大了。

癲狂的人也有同樣的發展，他們因有自卑情結而排斥異性，因排斥異性而導致婚戀不順，婚戀不順以後便運用想像美化自己，把自己想像成受異性歡迎的人物，於是他們自覺人生圓滿了。

在這種種情結發展的情形之下，個人之所以不能在社會的、有用的路上去做事，是因為缺乏勇氣。他們因為缺乏勇氣，所以不能走上社會的大道。除了缺乏勇氣以外，同時還有相伴而來的低智，無法真正瞭解應走社會那條路的必要與益處。

所有這些情形，在犯罪者的行為裡面都表現得最清楚。犯罪者的自卑情結的確是最嚴重的。他們的為人是懦弱無用的，是愚昧無知的——他們的懦弱，他們對於社會的愚昧，合起來就是他們的全部人生。

酗酒也可以根據同樣的道理去分析。酒徒不能解決問題，所以去尋解脫，他們太懦弱，所以對於無用的安慰也很心滿意足。

這類人的觀念智力和與正常人的勇敢態度相伴而來的社會常識，是截然不同的，絕不相同。打個比喻，犯罪的人就常常原諒自己，責備別人。他們怪工作的情形不好；他們怪社會競爭太殘酷了，讓他們無法立足；再不然他們就說肚子餓了，控制不住自己的行為。一句話，他們常常用各種理由為自己辯解，比如，有一個謀殺孩子的凶手就這樣說：「我是聽從指令做的。」

另外有一個凶手在被審判的時候說：「我不明白自己有什麼過錯。我所殺掉的不過是個毫無用處的孩子，這樣的孩子世界上多的是呢。」此外還有「哲學家」式罪犯，他們認為許多有價值的人都在餓肚皮，殺掉一個有錢的吝嗇老太婆沒有什麼大不了的。

像這樣的言論不過是狡辯而已，實際上也不值一駁。他們的整個看法是建立在無用於社會的目標之上的，就像他們無用於社會的目標的決定，是出於他們缺乏勇氣一樣。因此，他們不得不常常替自己辯護，有用的生活目標，根本不需要任何辯護，人人都可以看得很清楚。

讓我們看看幾個臨床的病例，從這些病例中，可以知道社會感和社會目標是怎樣變成反社會的。有一個案例主角是個女孩，快十四歲了。她出生在一個淳樸的家庭裡，她的父親是一個努力工作的人，他曾經辛勤地工作供養家庭，但是後來因病不能工作了。她的母親是個樸實善良的女人，很關心孩子，她一共有六個子女。第一個孩子是一個聰明的女孩，不幸在十二歲的時候病死了。第二個女兒從小身體不太好，長大總算好了一些，她也外出工作供養家庭。

再下面就是我們案例中所說的這個女孩。跟她的兩個姐姐不同，她的身體從小就非常健康。在她小時候，母親的主要精力都放在兩個有病的女兒和丈夫身上，所以沒有多少時間來照顧她。為了方便敘述，我們就叫這個女孩安妮吧。安妮還有個弟弟，這個男孩很聰明，討人喜歡，但是遺傳了家族的多病體質——這樣一來，我們發現安妮便擠在兩個被人憐愛的孩子中間了。她是一個好孩子，但是她覺得自己不像別的孩子那樣受寵。稍微大一點，她就總跟朋友抱怨，說自己從小就是被家人忽視的那一個。

但是安妮在學校成績很好，甚至可以說她是學校裡面最好的學生。因為她成績好，所以她的老師勸她繼續求學，於是她十三歲便進了中學。到了中學後，情況就不一樣了，中學的新老師不喜歡她——因為一開始需要適應環境的緣故，她的表現並不是很好，但是接下來因為沒有人喜歡她，她的表現就越來越糟糕了。

她以前能夠得到老師的賞識，她並不是個問題兒童；她以前的功課總是很優秀，周圍的同學也都喜歡她。但是當我們仔細分析她的日常生活時，一個目光敏銳的個體心理學家，還是可以從她的日常交往裡看出問題來：她常常批評她的朋友；她總是希望自己處於支配地位；她喜歡表現自己成為別人注意的中心；她喜歡聽恭維的話，但是無法接受別人的批評。

我們可以看到，安妮的目的是得到別人的關注，得到別人的喜愛，得到別人的照顧。她心裡很清楚，她想要的這一切只有在學校裡才能得到，在家裡是不行的。但是她一到新的學校，熟悉的環境沒有了，大家的關注和喜愛也沒了。老師批評她，說她沒有預習好功課，說她作業不認真，於是她就開始翹課了，有的時候幾天不回學校去。而等她再回學校，事情便更糟了，最終老師要求她退學。

退學是無法解決女孩的個人問題的。在學校和老師看來，他們是沒有辦法解決她的問題了。但是假如他們不能解決這個問題，他們可以尋求專業人士的指導意見，或者可以和她的父母談談，讓她換個學校試試，再不然還可以給孩子換個老師，其他老師也許能夠管好安妮。可惜的是，她的老師觀點是直接而粗暴的：「如果一個孩子翹課，成績退步，態度也不好，她就應該退學。」這種想法就是一種偏狹的精神態度，不是科學的教育方法，做老師的人是特別需要理解科學的教育方法的。

以後的事情我們就不難想像了。安妮被退學後，她在人生方面的最後優勢也已經失掉了，她覺得所有事情都在使她失望。退學的事情，使她在家中更沒有地位，因此她便離家出走，好幾天都沒有露面，後來才知道那段時間裡，她跟一個士兵談起了戀愛。

從心理學上來講，她的這些做法我們完全能夠理解。因為她的目的是尋找一點優越感，希望得到別人的關注和喜愛，一開始她努力學習，是在朝著有用的方面走的，但是現在她開始走到消極無用的方面去了。令人遺憾的是，安妮的戀愛也是一場徹頭徹尾的悲劇：開始的時候安妮說那個士兵是非常喜歡她的，但是後來她父母又接到她的信，說她已經懷了孕，還被拋棄了，現在打算服毒自殺。

她寫信給家人也很符合她的一貫性格。她平時總是希望得到賞識，一直到她回家以前，都是如此。她知道她的母親很著急，回家是不至於挨罵的，她覺得她的家庭一定很高興她回去。

處理這種情形，最重要的是一種設身處地為他人著想的能力，要能夠用同情的態度把自己放到別人的位置。這個孩子想得到別人的賞識，在朝著這個目標前進。假如有人要替這類人設身處地地想一想，他便應問問自己：「假如我處在這種境地，我會怎麼辦？」性別與年齡是應該注意的。我們對於這類人，應該常常鼓勵他們，但是要鼓勵他們向有用的方面走。我們應該使他們能夠想：「也許我應該換個學校，但是我並沒有退步。也許我的訓練不夠——也許我的觀察不對——也許我對於學校的態度太偏頗了，不能瞭解我的老師。」假如我們能夠給別人勇氣，一個人是可以往有用方面走的。勇氣的缺乏和自卑情結連在一起就把一個人毀了。

讓我們假設另外一種情況。比如有一個和她年齡相同的男孩身處這種情況，那麼這個男孩甚至可能變成一個犯罪者。這種情形是常常有的。假如一個男孩在學校裡失掉了勇氣，他便在社會上無所事事，由此加入不良團夥。

這種行為是很容易發生的：當一個男孩失掉希望、失掉勇氣的時候，他學業成績下降，做事沒有自信，他可能會想透過作弊去得到學校的認可，最終他乾脆放棄了學業，開始翹課。他在社會上流浪，找到了一些同伴，那些同伴有著跟他相似或者更糟糕的經歷，於是他便成了這個團夥裡面的一員。他對於學校完全失去了興趣，整個人就會變得越來越狹隘固執。

講到自卑情結，我們通常有一種錯誤的看法，以為自卑的人是沒有特殊能力的。換句話說，我們錯誤地認為有些人天生聰明，具有天賦，有些人生來笨拙。這種意見的本身就是一種自卑情結的表現。在個體心理學看來，「每個人都能成功」，如果一個人——無論男女——沒有遵守這句格言的勇氣，自己覺得不能夠在有用的生活方面達到這個目標，那就是一種存在自卑情結的表現。

我們過分相信遺傳特性，那也是自卑情結的一部分。假如這種信仰真是對的——假如成功完全靠天生的能力——那麼，心理學家便沒有一點用處了。但是實際上，成功要靠勇氣，心理學家的工作是把失望的心理改變成一種有希望的，然後才能使人重振精力，直至走向成功。

我們知道有一個案例，一個十六歲的年輕人因為被學校勸退了，而失望自殺。自殺是一種報復的行為，是對於社會的一種詛咒。這是年輕人用狹隘的精神態度做了錯誤的選擇，他不相信自己。遇到這樣不自信的年輕人，唯一的辦法就是使他回頭，給他勇氣，讓他走上有用的道路。

此外我們還可以舉出許多例子。一個十一歲的女孩家裡不喜歡她，家裡對於別的孩子都很喜歡，所以她覺得自己是不被需要的了。於是她變成了一個乖戾、好鬥、不服管教的孩子。這種情形我們是很容易分析的：她覺得別人看不起她。最初她還想辦法掙扎，但是結果失望了。

有一天，她開始去偷東西。在個體心理學者看來，偷東西犯罪事小，孩子的自利事大。一個人除非覺得受了別人的剝削，否則不會做出自利的行動，所以她偷東西是因為她對於家庭沒有感情，是因為她對生活失望了。我們應該常常注意，孩子開始偷東西的時候，總是覺得自己受了別人的剝削。他們的感覺也許是不對的，但是無論如何，那種感覺確實是導致他們偷東西的心理上的原因。

此外還有一個八歲的男孩，他是一個私生子，容貌很醜，住在養父的家裡。他的養父和母親不大關心他，對於他的行動也不加以約束。有時候他的母親給他一點糖果，那就是他的好運到了。但是糖果是不多的，這個可憐的小孩就非常難過。他母親嫁的是一個老頭子，生了一個女孩，這個女孩就是老頭子唯一的寶貝，他對於那個女孩總是溺愛的。他們兩口子之所以還把這個男孩留在家裡，只是因為不願出錢把他寄養到外面。老頭子每當回家的時候，總給他的女兒帶些糖果，可是一點也不給他的養子，結果那男孩便開始去偷糖果。他覺得自己受了別人的剝削，要想法自利，所以只好去偷。他養父因為他偷竊而打他，可是他仍繼續去偷。

也許有人認為這個孩子能夠不顧鞭打，繼續偷，可算是有勇氣了——其實這是不對的，因為他總是懷著不被發現的僥倖。

這是一個被人憎惡的孩子，他從來沒有與人平等相處的經驗。我們應該給他一個機會，讓他學會與人平等相處。等他知道替別人設身處地地著想的時候，他就會明白他養父看見他偷東西的時候是一種什麼感覺，那個小女孩看見自己的糖果不見了的時候又是一種什麼感覺。我們由此可以知道，社會意識的缺乏、瞭解力的缺乏和勇氣的缺乏，三者混合起來，是可以形成一個自卑情結的。

第十一章

戀愛與結婚

戀愛與結婚是人生大事，而在戀愛與結婚之前，我們都要做正確的準備。第一種準備，是要和別人合得來，要和社會適應得好，這是最基本的。除此之外，我們還應該從很小的時候起，一直到成年成熟的時候止，對於性的本能方面也要做點訓練。這種訓練是為了使一個人結了婚有了家庭之後，性的本能得到正確的滿足。前面我們說過，一個人在出生後，只要幾年的時間，就已經形成了一種原型。之後他在戀愛與結婚方面的一切能力、缺點和傾向，在這原型之中全都可以找到因由。所以，我們只要看清了一個人在小時候的原型，就可以正確地看待他在成年後遇到的困難，當然我們也就可以順利地幫助他解決這種困難。

戀愛與結婚兩件事情裡面所發生的問題，其性質與一般社會問題是一般無二的，具有同樣的困難，需要同樣的努力。戀愛與結婚不是一個遊戲，不可能如我們所想像的那樣順利。戀愛與結婚需要我們持續地付出努力，而且努力的時候，隨時都要照顧對方的立場和利益。

戀愛與結婚跟普通的社會適應問題不太一樣，它還需要一種特別的同情心，一種特別的能力，去替對方設身處地地設想。假如現在的人無法對家庭生活做正確準備的話，那就是因為他們不懂得共情，無法體會對方感覺的緣故。

我們在前面各章中所討論到的，大多是一些自私自利的孩子。這些孩子長大後，是不會因為身體成熟了，而一下子改變其心理特質的——他們不僅對於社會生活沒有準備，就是對於戀愛與結婚也是同樣沒有準備的。培養社會興趣，是一個漸進的過程。只有那些從小接收過一定的社交訓練，平時把注意力放在有用生活方面的人，才能真的具有社會意識。因此，我們要去判斷某一個人對於性的生活是否很有準備，倒也並不困難。

關於有用生活我們前文已經談過了。一般來說，過著這種生活的人，都很勇敢自信，他們有了問題，敢於解決，能想辦法。他們有同伴，有朋友，跟鄰居也相處愉快。缺乏這種性質的人，便不能讓人信任，無法正常地戀愛結婚。反過來說，假如某人有了不錯的工作，事業發展順利，也許他很快就結婚了。我們是在見微知著——細節有重大的意義，因為可以從此看出一個人是不是具有社會的興趣來。

我們理解了社會興趣的性質，就會知道，只有彼此地位平等，才是解決戀愛與結婚的唯一好辦法；彼此容忍，才是最基本也是最重要的事情。

戀愛本身不能解決什麼問題，一千個人就有一千種戀愛模式。重要的是以平等作為戀愛的基礎，這樣戀愛才能走上正確的軌道，結婚才會幸福。

結婚以後，無論男女如果腦子裡總是有著一個征服對方的念頭，結果便會很糟糕。如果還沒結婚，便產生了這種態度，那就不是一種正確的準備，即使結婚了這種婚姻也很難幸福。沒有什麼可以征服的地方，哪能有征服者的存在！結婚這件事情所需要的是一種顧及別人的態度和一種共情的能力。

現在我們要討論結婚所需要的特殊準備了。這便牽涉到了關於性的本能的社會意識訓練問題。我們知道每個人從小時候起，心中就有了一個理想的異性。如果是個男孩，他的母親便很可能構成他理想中的異性，他會時時刻刻想找一個像他母親一樣的女人，做他的終身伴侶。有時候母親和兒子之間關係比較緊張，那麼，他理想中的伴侶可能就是與他母親剛剛相反的一類。所以，兒子與母親的關係可以影響到兒子後來所娶的妻子的類型，而且很多時候這種影響很強烈，我們可以從眼睛、身材、髮色等很多方面看出來。

我們又知道，假如母親性格比較嚴苛、霸道，那麼她的兒子到了應該戀愛和結婚的年紀，很有可能會沒有勇氣去戀愛和結婚。在這種情形之下，他理想的異性會是一個懦弱馴順的女人。如果他自己是個好勇鬥狠的人，結了婚以後，便會和他的妻子爭鬥，一心只想去支配他的妻子。

我們從此可以明白——兒童時期的所有特質，到了戀愛的時候是會加重表現的。一個有著自卑情結的人，他在性的方面的行為，是可以想像得到的。也許因為他自己覺得懦弱自卑，所以常常需要別人的扶助。這類人的理想異性常常是具有母性的人。有時候為了遮掩自己的卑弱，他在戀愛方面或許乾脆反其道而行之，變得薄情冷漠。假如他的勇氣不足，自身條件也無法給他太大的選擇餘地，也許他便會選上一個好勇鬥狠的女人，以為一旦征服了這種難以征服的女人，自己就是一個成功的男人了。

無論男女，如果採取這種辦法去尋找伴侶，那麼都很難獲得婚姻幸福。為滿足一種自卑情結或者優越感，而把兩性關係當作賭注，這種行為是愚蠢可笑的。可悲的是，我們的生活中卻常有這種事情發生。我們只要仔細觀察一下，就會發現很多人都把伴侶當作了犧牲品。他們不知道婚姻關係是不應該因為這樣的目的而犧牲掉的。因為在婚姻生活中，假如一個人想要征服對方，對方往往不會屈從，而是選擇反向征服。這樣一來，每天都會發生口角和爭鬥，共同生活便不可能了。

有些人選擇伴侶時會讓人覺得很奇怪，在別人眼中都是不般配的——除了滿足情結這種特殊的目的外，我們很難找到其他理由去解釋。比如，有些人選擇特別懦弱的人或者年紀特別大的人來做伴侶。他們之所以要選老弱的，是因為這樣的人更容易掌控。有時候他們會選上一個結了婚的，陷入一段婚外情中，這可能是因為他們根本沒有想過婚姻，沒有真正想辦法解決婚姻問題。我們有時候看見一個人同時跟兩個異性談戀愛，這其實只是證明了一句話——多情的人往往無情。

我們已經知道，一個有著自卑情結的人，總是不停地換工作，因為他不敢面對並且解決一切問題，做事也總是有始無終。一旦碰到戀愛問題，行為模式也還是一樣的。所以一些人喜歡已婚的人，或者同時跟兩個人談戀愛，其本質也仍然是三心二意，這只是為了滿足自己的特殊心理。此外也還有別的滿足的方法，比如訂了婚遲遲不結婚，或者只戀愛不結婚等。

那些被縱容慣了的孩子，長大結婚以後仍是一副被縱容慣了的脾氣。他們要求在婚姻中佔據主導地位，希望事事得到對方的縱容。在戀愛期間，或者在結婚的前幾年，情形可能還好一點，畢竟彼此的新鮮感仍在，可是時間長了，事情便會麻煩了。假如夫妻兩方都是被縱容慣了的人，那麼兩個人的婚後生活如何，我們是完全可以想像得到的。雙方都想得到對方的縱容，可是誰都不願意去寬容對方。兩個人都希望從對方身上得到什麼，自己卻一點都不肯付出，於是他們爭吵抱怨，認為對方太自私，認為對方不理解自己。

如果一個人處處覺得被人誤解，時時認為自己的自由被剝奪，結果如何，便一望可知了。他覺得自己處於弱勢，想方設法要脫離苦海。這種想法，在結婚生活中最危險，如果自覺完全失望，那危險更大。一旦有了這種念頭，就會產生報復的念頭——他想要攪亂對方的生活。最常見的辦法就是出軌。的確，出軌的人看起來好像是在談一場轟轟烈烈的戀愛，可是那種情愛的價值，我們是明白的。情感與優越感的目標，常是殊途同歸的，絕對不能作為出軌的辯護。

關於這個問題，我們可以用一個不會自我克制的女人為例來說明。那個女人嫁了一個丈夫，她丈夫是一個有點懦弱的男人，常常覺得自己在兄弟中最弱勢。所以他看見了這個女人，便被她的溫柔美麗所吸引住了——而這個女人也時常希望別人欣賞她、喜愛她，兩個人簡直是情投意合。他們的婚後生活本來是很快樂的，可是後來他們生了一個孩子，這就為他們的婚姻生活帶來了一些麻煩。我們知道，妻子希望自己是丈夫注意的中心，可是孩子來了，她怕孩子奪去了她的地位。所以，她其實並不是那麼歡迎孩子的到來。而她的丈夫呢，也希望妻子一如既往地喜歡他，也怕孩子奪了他的地位。這樣一來，丈夫和妻子都對孩子的到來感到忐忑不安。他們是很好的父母，對於孩子也是很喜歡的，可是他們總是時時刻刻覺得彼此的愛情會因為孩子而減退。這種疑心是很危險的，因為假如夫妻中的任何一方對於對方疑心過重，過度解讀對方的言行，是很容易覺得或懷疑對方不那麼愛自己的。後來果然是這樣，夫妻雙方都覺得自己已經不再那麼能吸引對方了，於是丈夫便一個人在假期到巴黎去旅行，尋歡作樂，而妻子呢，因為剛生了小孩，只得留在家裡休養以及照顧孩子。丈夫從巴黎給妻子寄了家信，告訴妻子，說他在巴黎過得如何快樂，都遇到了什麼樣的人。這下子，妻子更覺得自己是被遺忘了。她沒有以前那樣快樂了，她精神憂鬱，患了「廣場恐懼症」（agoraphobia），她甚至不能一個人外出。等到丈夫回家，她丈夫總得陪著她。在表面上看起來，她佔據了丈夫的視線，總算達到她的目的了。可是這不是一種正確的滿足，因為她覺得一旦她痊癒，她的丈夫也會一起不見了的。因此，她便繼續著「廣場恐懼症」。

在她生病期間，她發現一個醫生對她態度很和善，照顧有加。在這個醫生的幫助和治療之下，她的疾病好了很多。於是她便把她全部的感情傾注到這個醫生身上，後來醫生看見她的病情有好轉，就不再給她太多的注意力。於是，她寫了一封滿含著浪漫感情的信給醫生，醫生卻沒給她回信。從此以後，她的病又變嚴重了。這一次，她抑制不住地懷著一種瘋狂的想法——想和別的男人通姦，去報復她丈夫。可是她有「廣場恐懼症」，她不能自己一個人外出，總需要她的丈夫陪著她，因此她的想法也就沒有實現。

我們看見婚姻中竟有這麼多的問題，一定會生出一個疑問：「婚姻中的這些問題都是不可避免的嗎？」

我們知道，這些問題都是從兒童時期就埋下了種子的。我們又知道，錯誤的生活風格是可以改變的——改變的方法，在於認清兒童時期的特性。因此，我們可以設想：我們能不能組織一個心理諮詢協會，根據個體心理學的方法，去解除婚姻問題中所發生的問題。協會裡面的人員，應該受過訓練——他們應知道個人生活中的所有事件都是互相關聯的，他們對於請求幫助的人應有一種同情的、設身處地地著想的能力。

這種心理諮詢協會不該說：「你們意見不合——你們每天爭吵不休——你們應該離婚。」離婚有什麼用處？離婚以後又怎麼辦？一般來說離婚的人，如果又要結婚，就又要過著同樣的生活。我們有時候看見一些人離了多次婚，結果還是要再結婚。他們不停地重複著自己的錯誤。有了這種諮詢協會，像這樣的人便可以到協會裡諮詢，看他們計畫中的婚姻或者戀愛是不是能有更好的結局。他們如果要離婚，也可以事先到協會裡問問。

有許多錯誤根植於兒童時期，並且我們已經看到了問題所在，不過當時看沒什麼要緊，一到結了婚，問題的嚴重性才暴露出來。

有些人總是以為自己會失望，有些孩子從來沒有快樂過，他們總怕失敗。有的是怕自己被別人排擠，自己所獲得的寵愛被別人奪去；有的是從前遇到過一種困難，他們總是焦慮害怕，認為那種困難還會重來。我們可以看得很清楚——兒童時期有了這種恐懼，到了結婚以後，是會生出嫉妒與疑心的。此外，女人還會遇到一種特殊的困難：由於我們文化中，男女地位的差別，很多女性會覺得自己不過是男性的玩具，而男性總是容易出軌。腦子裡先有了這種觀念，婚姻生活自然是不會有快樂的。假如夫妻的一方，先預設了一種成見，總以為對方會出軌，那還有什麼快樂？

人們總是在不停地尋求戀愛與結婚的建議，看起來好像戀愛與結婚就是人生最重要的一個問題。其實在個體心理學看來，雖然戀愛與結婚很重要，但並不是最重要的問題。在個體心理學上，人生問題都是一樣的重要，沒有哪個比另一個更重要些。假如有人把戀愛與結婚看得特別重，給它一個最重要的地位，那他的人生可能就要失衡了。

我們本來不必把戀愛與結婚看得過分重要，之所以這麼在意，其實是因為戀愛與結婚跟別的問題不太一樣——從小到大我們幾乎沒有就這個問題接受過正式教導。我們來看一下上文所說的人生三大問題。第一個社會問題，這是個大問題，裡面包含著我們的人際關係、我們的社會行為等，而這些我們從小便已接受了一定的訓練，父母和老師也一直在告訴我們應該怎樣與人相處，如何在群體中找到自己的位置。第二個職業問題，我們在學校中已經受過正式訓練，如果這還不夠，那麼我們進入職場後也從前輩的身上學到了。

關於這些技術，我們有老師來教導，有書本來指點。可是指點我們去準備戀愛與結婚的書本在哪裡？是的，講到戀愛與結婚的書本還真不少。所有的文學書都是講戀愛的故事——可是講到快樂的婚姻的文學書卻不多見了。因為我們的文化和文學的關係非常密切，所以人人的注意力都集中在文學中所描寫的男男女女身上，而那些男女的處境卻又總是困難的。因而一般人對於結婚總是過分小心，這也就難怪了。

從一開始，婚姻就是一種實踐的課程。聖經中有一個故事，說是一切煩惱和災禍都是由女人引起的，自此以後，男女在戀愛生活中，總是會體驗到極大的危險。我們的教育實在太嚴謹了。假如教育不把男孩女孩訓練得像要他們犯罪一樣，而是教男孩在婚姻生活中能扮演好男人的角色，教女孩在婚姻生活中能扮演好女人的角色——但是要使他們自己覺得男女雙方是平等的——這樣的教育一定會更成功。

女人覺得自己不如男人，並因此而感到自卑，這就是我們當前社會文化存在問題的最好證據。假如有讀者不相信的話，就請看看現在很多女人奮鬥的情形，就會發現現在的女人總想征服別人，她們的成長訓練，都遠過於實際的需要。她們比男人更加以自我為中心。未來的教育應該讓女人多培養一點社會的興趣，不要只求利己不顧別人。但是要達到這個目的，我們先得廢除那種關於男人具有特權的迷信。

現在讓我們舉一個例子，看看一些人對於結婚一事是多麼缺乏準備。有一個年輕人帶著他年輕貌美的未婚妻在舞會上跳舞。他不小心把眼鏡掉在地上，當他去拾取眼鏡的時候，卻幾乎粗暴地把他的未婚妻推倒在地，把周圍的人都嚇壞了，未婚妻也生氣地走開了。後來一個朋友問他：「你當時到底是怎麼想的？」他卻答道：「我不能讓她把我的眼鏡給踩壞了啊。」我們由此可以知道，這個人對於結婚就是沒有準備，實際上那個女人也沒有嫁給他。後來他跑到一個醫生那裡求助，說自己患上了憂鬱症，這可能是他過分關注自身感受的結果。

要知道一個人對於結婚是不是有了準備，可供參考的特徵真是多極了。比如某人年齡很大了才上班，而他這麼晚上班，又沒有充分的理由，在戀愛方面，你便不必相信他了。因為這件事情可以證明他做事的態度是猶豫的。這就是對於人生大事缺乏準備的一個表現。

假如夫妻中有一個人常常愛去指責對方，批評對方，那也是一種對婚姻生活缺乏準備的表現。太過敏感也是不好的，因為太過敏感就是自卑情結的一個標誌。沒有朋友的人，在團體裡面合不來的人，對於結婚生活也是沒有準備的。悲觀的人是不宜結婚的，因為悲觀就是沒有勇氣去解決問題的表示。

雖然上面舉的不宜結婚的因素很多，但是要選一個合適的對象，或者最好說一個大致合適的對象，也並不困難。我們不能希望找到一個理想的對象。實際上，假如我們看見有人在找一個理想的對象而始終沒有找到的時候，我們就可以斷定這類人始終還是在猶豫之中，或者可以說這類人根本就沒有想過要把結婚付諸行動。

德國鄉村有個傳統方法，這個方法可以檢驗一對男女是否做好了結婚的準備。把一個兩頭有柄的鋸子交給情侶，要求他們一人握著一端，去鋸一個樹幹，所有的親屬都站在旁邊看著，兩個人要共同完成鋸樹的工作。每個人都要注意對方的動作，自己的一推一拉都要與對方配合好。我們不得不說，這的確是測驗男女是否適合結婚的好辦法。

最後我們可以重述我們的主張：我們認為戀愛與結婚這個問題，只有與社會適應得來的人才能解決。多數的問題，都是因為缺乏社會興趣的結果——這等問題，只有當事人有了改變，才能免除。結婚是兩個人的事情。而我們所受的教育，不是叫我們一個人單獨做事情，便是叫我們做許多人合作的事情，從來沒有叫我們做過兩個人合作的事情。不過我們雖然沒有受過這種教育，但只要男女兩方都能認清自己性格上的錯誤，以平等的精神去解決一切事情，婚姻問題仍是可以正確解決的。

毋庸置疑，最高級的婚姻形式是一夫一妻制。有些人打著科學的旗號，主張一夫多妻制，認為這更合乎人類的天性。這種主張我們是不能接受的，之所以不能接受，是因為在我們這種文化之下，戀愛與結婚是一種社會性的問題。我們結婚，不只是為得到私人的好處，間接也是為了社會利益。最後要說的是，婚姻也是種族的需要。

第十二章

性欲與性的問題

我們在上章所討論的，是關於戀愛與結婚的常規問題。我們現在所要討論的，仍舊是戀愛與結婚的事情，不過轉到了更加特殊的方面——我們要討論性欲問題，和性欲問題與那些實際上的或者想像中的變態行為的關係。

就像前文所說的，大多數人對於戀愛問題所做的準備，所受的訓練，都不如對於其他的人生問題那樣充分。這一結論如果用到性的問題上，就格外正確。我們發現，在性欲問題方面有很多誤解和迷信。

最常見的一種錯誤看法是關於遺傳特性的。它相信性欲有強弱之分，而這種強弱來自遺傳，是無法改變的。我們知道，遺傳問題是最容易被人當作藉口和托詞的，人類的進步會因此受阻。我們在此要對一些科學上的主張進行闡明——一般外行對於那些主張都看得太認真了，他們不知道提出那種主張的人只是大致地說出了結果，並沒有討論性欲可以禁制到什麼程度，也沒有討論性欲本能所受的人為刺激。

人類的性欲在生命初期就可以出現。保姆或父母只要留心觀察，便可以知道：小孩子出生後只要幾天時間，就有一些性的衝動、性的動作。但是這種性的表現多半會以環境為轉移。所以一個孩子一旦有了這種性的表現，他的父母便應該設法轉移他的注意力。不過事實上他們所用的方法常常無法取得預期的效果，即不能良好地轉移孩子的注意力，有時候他們也得不到正確的方法。

假如一個孩子早期沒有正確地發現器官功能，他自然會對性的動作生出一種較大的興趣。這種情形在別的器官方面也是如此，性的器官當然也不例外。不過只要及時採取辦法，就能把孩子訓練得很好。

一般來說，兒童時期有些性的表現都是正常的，我們看見孩子有了性的動作，也不必大驚小怪。兩性的目的本來是異性的互相結合，我們的正確態度應該是注意觀察，保持監督，不讓兒童的性表現發展到錯誤的方向去即可。

人有一種傾向，他們喜歡把一些個人在兒童時期自己練習的結果，看作一種遺傳的缺陷，有時候連這種自己訓練的行為也被別人看作遺傳的特性。比如一個孩子比較喜歡同性，不太喜歡異性，別人便會認為那是一種遺傳下來的缺陷。但是我們知道，這種問題是他自己一天天培養出來的。

有時候一個孩子或成年人有點變態性欲，許多人也相信那種變態是遺傳的結果。但是如果的確是遺傳的結果，為什麼這類人要去練習？為什麼他們要去夢見和重複自己的行動？

有些人到了某個時候，便會停止這種訓練，這一點我們可以用個體心理學來解釋。比如有些有自卑情結的人，生怕自己會失敗，為了抵補這種自卑心理，結果走上了追求優越感之路——在這種情形之下，我們便可能會發現一種過分的行動，比如過分強調性欲的誇張行為，這可能意味著這類人的性能力強烈一些。

這種衝動尤其易受環境的刺激。我們知道，圖片、小說、電影，以及某些社會接觸都可能刺激性的衝動。我們可以說，這個時代的一切事情都是在誇大人們對性的興趣。不過在呼籲性的事情，在現在這個時代裡被過分強調的同時，我們還用不著輕視性的衝動，更無須貶低它在戀愛結婚和生殖方面的重要性。

做父母的，千萬不要把關於性的事情弄得太敏感。有些母親常常太注意孩子最初所表現的性的動作了，反而使得孩子對那些動作過分重視。她們也許真的嚇慌了，以至於總是擔心著自己的孩子，提醒他，懲戒他。但是我們知道，許多孩子都希望自己是別人注意的中心，所以常常有些因為性的動作而受責備的孩子，反而不容易去改變那種習慣。所以在孩子面前，最好把這件事情看作一個普通的問題，不必太重視。假如你不向孩子表示這件事對你留下了很深刻的印象，你就可以少許多麻煩。

有時候一個孩子之所以具有某種傾向，可能是因為受一些事實的影響。也許他的母親非常愛他，而且用親吻擁抱等方法去表示她的愛。雖然許多母親都說，孩子實在太可愛了，她們實在忍不住要去親吻她們的孩子，擁抱她們的孩子，可是親吻擁抱等確實不應該做太多。這樣的行動並不足以表示母愛。這種行動不是把孩子看作母親的兒子，而是把他看作敵人。一個縱容慣了的孩子，在性的方面是不能得到完善的發展的。

說到這裡，我們可以說明一件事情。有許多醫生，許多心理學家都具有一種信仰，以為性的發展是整個心理發展和一切身體動作的基礎。在我個人看來，這種看法是不對的，因為性的整個形式和發展都是以人格為轉移的。所謂人格，是相對生活的方式和人生的原型說的。

舉個例子，假如有個孩子，對於性過分感興趣，或者另外有一個孩子，過分壓制自己的性欲——他們未來到了成年的時候可能情形都不會太好。假如我們知道孩子時刻希望做別人注意的中心，希望去征服別人，那麼，他在發展性欲的時候，也會以征服別人和做別人注意的中心為目標的。

一些奉行一夫多妻制的人，自以為比別人更優秀，更成功，於是和很多人發生性關係——而他們之所以故意強調他們的性欲，明顯是出於一種心理作用。他們把這視為成功。當然，這種想法是不對的，但是這種行為卻是他們抵償自卑情結的一個方法。

自卑情結是性欲變態的根本原因。一個有著自卑情結的人，總是揀著最方便的出路走。有時候他最方便的出路，就是逃避多數人生問題而過分強調性欲生活。

孩子常常有這種傾向，常用的辦法就是任性地為難別人。他們製造困難，有計劃地過著無用的生活，去為難他們的父母和老師。後來年紀大了，又去為難其他外人，跟人家爭強鬥勝。這種孩子長大了以後，常把性欲和征服別人、勝過別人的欲望混為一談。有的時候，他們不只逃避人生中的一部分希望和問題，甚至完全逃避異性，轉而對同性產生興趣。一般來說，變態的人，他們的性欲也是過分強烈的，這一點我們要注意。事實上，他們之所以強調性欲，以致養成變態性欲，就是因為把這當成了一種手段，用來迴避他們不願解決正常的性生活問題。

我們必須先瞭解他們的生活風格，才能理解這一切。有些人希望成為別人注意的中心，可是自知並沒有引起異性興趣的能力和魅力。事實上，他們在面對異性時常常是自卑的——他們這種對於異性的自卑情結，是在兒童時期便已經存在了的。比如他們覺得家裡的女孩和母親的行為比自己的行為更大方可愛，於是覺得自己會永遠不夠資格引起女人的興趣。他們對於異性非常羨慕，因而模仿異性的行為。所以我們看見男人有女性化的，女人也有男性化的。

有一個被控告為虐待狂的人，他曾經虐待孩子。這個人的情形正好可以說明我們已經討論過的那些傾向的形成。我們問了問他的人生經歷，知道他的母親很專橫，生活中常常責罵他。儘管他在學校裡是一個聰明的好學生，可他的母親對他仍不滿意。因此他不喜歡他的母親——實際上是討厭他的母親，他比較喜歡跟父親在一起，對父親也更加親熱。

這樣一個孩子，很容易產生一種錯誤的想法，認為女人都是天性苛刻的，都是吹毛求疵的，認為和女人在一起就是一場災難，不到萬不得已是絕對不會和女人來往的。在這種思想的作用下，他乾脆斷絕了和異性的交往。但是他又是一個害怕時就會產生性刺激的人。這類人一方面有些焦慮，一方面又易衝動，於是便去尋求一種消除恐懼的方法。後來他就喜歡從肉體上折磨自己，或者折磨孩子，甚至再進一步，希望自己或別人受到折磨。因為他是這樣一個人，所以每每在實際生活中或者想像中折磨自己、折磨別人的時候，性的方面便可得到滿足。

這個人的情形指明了錯誤訓練的結果。他不知道他的種種習慣之間的相互關係——即使知道，也是「悔之晚矣」。

一個人到了二十五歲或者三十歲，才接受這方面的訓練，期望他在短時間內糾正問題，自然很不容易。訓練的正確時機是在兒童時期。

不過在兒童時期，因為孩子和他父母的心理上的關係，常會把事情弄得很複雜。孩子和他的父親或者母親，因為心理上發生了衝突，結果為孩子養成了不良的性的習慣。好勇鬥狠的孩子，尤其是好勇鬥狠的年輕人，不惜濫用性欲，故意去讓自己的父母傷心。我們知道有些男孩、女孩，剛剛和父母鬧過情緒，便立即和異性發生性關係。如果孩子知道自己的父母對於性的事情特別留心，他們便特別喜歡採用這種辦法去報復他們的父母。好勇鬥狠的孩子更是幾乎一定會採用這種攻勢的。

要避免這種情況的唯一辦法，就是讓孩子從小學會為自己負責，要讓他們不要以為這完全只是父母的事情，實際上這完全是他們自己的事情。

除了孩子的生活風格所反映出的兒時環境的影響以外，一國的政治情形、社會狀況，也是可以影響性欲的。政治情形、社會狀況，可以產生一種極易傳染的社會風氣。在日俄戰爭和俄國第一次革命崩潰以後，普通民眾無不感到失望灰心，於是他們便在國內發起了一種性欲的放縱運動。所有的成年人都捲入了這場運動的狂潮中。一般來說，革命的時候，也有同樣的縱欲舉動——因為到了戰火連天的時候，大家朝不保夕，所以乾脆盡情縱欲以此獲得心理安慰。

奇怪的是，警察也都知道性欲可以作為一種心理上的安慰。至少在歐洲我們經常可以看到這樣的情況：每當出了什麼犯罪的案子，警察總是先跑到妓女家去搜捕罪犯。而很多時候，他們都可以在那裡找到所要緝捕的凶手或其他犯罪者。這些犯罪者之所以會藏在妓女家裡，是因為犯罪以後，情緒緊張、內心空虛、焦慮，想要找點安慰，他們需要平復自己的情緒，而且還試圖證明自己仍是個有力量的人物，人生還有希望。

法國人說：在所有的動物裡，只有人類不餓的時候要吃飯，不渴的時候要喝水，隨時可以發生性關係。人類對於性欲的興趣，的確不遜於其他愛好。但是我們說過，任何愛好，如果太沉溺了，任何興趣，如果太專注了，都可能導致人生的不和諧。很多心理學文獻上都描述過這樣的情況——一些人因為太沉溺於興趣愛好，結果忽略了生活的其他部分。比如說我們都知道的，守財奴把金錢看得太重；另外還有一些有潔癖的人，把衛生當成了人生中最重要的事，他們從早到晚沒完沒了地洗澡、洗衣服、洗手；還有一種貪吃的人，他們過分沉溺於美食之中，一天到晚暴飲暴食，張嘴就是談吃的。

性欲過度也是一樣。性欲過度會破壞性欲平衡，而且一定會使全部生活風格變得沒有用處。

性的本能的正確訓練，目的在於把性的衝動引向一個有用的目標，在那目標之下，我們的全部活動都要能夠表現出來。假如目標選擇得當，性欲固然不致過分發展，人生別的方面也不至於過分發展的。

反之，一切愛好和興趣固然應該有節制、能和諧，但是完全禁止也是有危險的。就像飲食一樣，比如有人絕對禁食，那麼他的身體健康是要受損的，所以性的方面，也不應該絕對禁止。

我們說這些話的意思，是想說明在正常的生活風格之中，性欲自有一種正常的發洩方法。我們並不是說只要性欲得到自由的發洩，我們就可以讓自己的精神健康，否則就會變成精神官能症。現在有一種誇大的宣傳說法，說精神官能症的根源是力比多（libido）受了壓抑，我們認為這種說法是錯誤的。

實際上的情形，恐怕恰恰與此相反：人有了精神官能症，性欲才不能得到正確的發洩。

我們知道有的人相信了一些歪理邪說，濫用性欲以後，反而把生活弄得越來越糟。之所以會這樣，是因為他們不知道診治精神官能症的正確方法，是把性生活引向有用的社會目標，沒有這樣去做的性欲發洩的本身並不能夠診治精神官能症，因為精神官能症是生活風格方面的問題，只有從生活風格著手才可以診治。

在個體心理從業者看來，很明顯的，只有幸福的婚姻才是解決性欲上的問題的完善辦法。至於精神官能症病人，是不會贊成這個辦法的，因為精神官能症病人總是很懦弱的，對於社會生活沒有充分的準備。

同樣，凡是過分注重自身欲望的人，講一夫多妻主義的人，講婚內自由的人，講試驗結婚的人，全都不想從社會方面去尋求解決性的問題。他們不能克制自己，不能根據夫妻互利的原則去解決社會適應問題，卻想找種新的辦法輕鬆解決問題。其實，有時候最困難的辦法，反而就是最直接的辦法。

—第十三章—

結論

現在是該為本書做個結論的時候了：個體心理學的方法——我們毫不遲疑地承認——始終是解決自卑問題的。

我們已經知道，自卑是人類努力與成功的基礎，也是一切不良的心理適應問題的起源。如果一個人沒有找到一種適當的、具體的優越感目標，結果便會生出一種自卑情結。由自卑情結而使人產生一種逃避的願望，又由這種逃避的願望而使人有優越感的表現。但這種優越感不過是生活上的一種無用的目標，使人自滿於虛偽的成功。

這就是心理活動的動力機制。

說得再具體一點，我們知道，心理機制如果出了問題，它的危害性在一定時候要比其他的時候更大。我們知道，個人生活風格的傾向在孩子四、五歲的時候已經養成了，原型已經出現了。正因如此，我們如果要引導一個人的心理生活，就要抓住孩子幼年這個黃金期。

至於如何引導孩子，前文已經說過，主要是努力培養孩子適當的社會興趣，然後再進一步引導孩子找到有用而又健康的目標。只有訓練孩子，增強其對社會系統的適應能力，才能使那種普遍存在的自卑心理走上正軌，才不至於最終形成自卑情結或者優越感。

社會適應是自卑問題的正面反映，因為個人是自卑的和軟弱的，所以人類會需要社會——即社會興趣與社會合作就是拯救個人的方法。

成功講座 361

阿德勒的❷自卑與超越

海鴿文化出版圖書有限公司
Seadove Publishing Company Ltd.

作者　〔奧〕阿爾弗雷德・阿德勒
譯者　劉麗
美術構成　騾賴耙工作室
封面設計　斐類設計工作室
發行人　羅清維
企畫執行　林義傑、張緯倫
責任行政　陳淑貞

出版　海鴿文化出版圖書有限公司
出版登記　行政院新聞局局版北市業字第780號
發行部　台北市信義區林口街54-4號1樓
電話　02-27273008
傳真　02-27270603
e - mail　seadove.book@msa.hinet.net

總經銷　創智文化有限公司
住址　新北市土城區忠承路89號6樓
電話　02-22683489
傳真　02-22696560
網址　www.booknews.com.tw

香港總經銷　和平圖書有限公司
住址　香港柴灣嘉業街12號百樂門大廈17樓
電話　（852）2804-6687
傳真　（852）2804-6409

出版日期　2020年07月01日　一版一刷
定價　300元
郵政劃撥　18989626　戶名：海鴿文化出版圖書有限公司

國家圖書館出版品預行編目資料

阿德勒的自卑與超越2／阿爾弗雷德・阿德勒作；劉麗編譯.
--一版，--臺北市 ： 海鴿文化，2020.07
面 ；　公分. －－ （成功講座；361）
ISBN 978-986-392-316-9（平裝）

1. 阿德勒（Adler Alfred，1870－1937） 2. 學術思想
3. 精神分析學

175.7　109008153

Seadove

Seadove